Le Magicien de Menlo Park

Vous aimez les livres de la série

Sabrina
l'apprentie sorcière

Écrivez-nous
pour nous faire partager votre enthousiasme :
Pocket Jeunesse, 12, avenue d'Italie, 75013 Paris.

Sabrina
l'apprentie sorcière

Le Magicien de Menlo Park

Nancy Krulik

Traduit de l'américain par Christiane Poulain

POCKET
jeunesse

Titre original :
Off to See the Wizard

Publié pour la première fois en 2002
par Simon Pulse, États-Unis.

Loi n° 49 956 du 16 juillet 1949 sur les publications destinées
à la jeunesse : mai 2005.

ISBN 2-266-15052-9

Tu as envie de lire des romans drôles, pétillants, irrésistibles ?

Abracadabra !

La série

Sabrina
l'apprentie sorcière

est faite pour toi !

À Lee et à Rachel

1

Un exposé casse-tête

Sabrina Spellman entra chez elle telle une tornade, jeta ses livres sur la table de la cuisine et lança un regard noir à Roxie, une de ses trois colocataires.

— Cet exposé pour le cours de science, tu imagines ? grommela-t-elle.

— Rien de bien méchant, je dirais. (Roxie prit un soda dans le réfrigérateur et un paquet de chips sur le plan de travail.) Ahhh... Le petit déjeuner des champions ! J'ai à peine eu le temps de m'habiller ce matin, alors manger...

Sabrina l'observa, éberluée. Ce n'était pas le moment de grignoter. L'heure était grave.

— « Rien de bien méchant » ? Tu es folle ?

Nous avons une semaine pour concevoir un projet supposé améliorer la vie de nos semblables. Une malheureuse semaine !

Roxie haussa les épaules.

— Je sais déjà ce que je vais proposer. Un appareil de recyclage des ordures ménagères. Les gens ne recyclent pas parce que c'est la barbe d'emporter des bouteilles en plastique au centre de tri. Mais s'ils avaient une mini-installation dans leur arrière-cour...

— Et comment comptes-tu réaliser cette merveille ?

— Ce n'est pas sorcier – une machine qui fait fondre le plastique, voilà tout, avec des moules permettant de créer de nouveaux objets à partir du matériau recyclé.

Roxie but une autre gorgée de soda.

— Et tu espères construire ce bidule en huit jours ? demanda Sabrina, sceptique.

Roxie repoussa une mèche de ses longs cheveux châtains et secoua la tête.

— Non. Il me suffit de le dessiner et d'expliquer de quelle manière il aidera les gens. Ainsi que je le disais, rien de bien méchant.

Sabrina soupira. Si recycler était pour Roxie une sorte de passe-temps – elle s'occupait activement d'un tas de projets écologiques –, Sabrina, elle, s'intéressait davantage à la lecture et à l'écriture. Elle adorait écrire. Du reste, elle avait choisi le journalisme comme matière principale. À la réflexion, c'était plutôt drôle – Sabrina rédigeait des articles pour des quotidiens et Roxie recyclait le papier journal. Deux façons différentes d'aborder un même sujet.

À cet instant, Miles, un autre colocataire, entra dans la cuisine, un crayon derrière l'oreille et une calculette dans la poche de sa chemise.

— Je suppose que cet horrible exposé de science ne te pose pas de problème, à toi non plus, l'agressa Sabrina.

— De quoi tu parles ?

— Elle râle à cause du devoir que nous a donné le Pr Karoy, expliqua Roxie.

— Oh, j'ai déjà tout dans la tête, répliqua Miles... Un système destiné à envoyer des signaux dans l'espace afin que nous puissions communiquer avec les extraterrestres.

Roxie éclata de rire.

— Cela fait très *Rencontre du troisième type* !

— Non, sérieux, insista Miles. À mon avis, nous avons beaucoup à apprendre des petits bonshommes verts. J'essaie de mettre au point des séries de codes qu'ils puissent comprendre puis utiliser pour nous renvoyer des messages.

— Si tu veux communiquer avec eux, tu ferais mieux d'arrêter de les appeler « petits bonshommes verts ». Ils détestent ça, marmonna Sabrina.

Roxie et Miles la dévisagèrent.

Aïe ! Sabrina se mordit la langue. Elle avait souvent séjourné dans l'espace et savait que Miles perdait son temps. Les habitants des autres planètes se servaient de traducteurs universels et elle n'avait jamais eu de mal à les comprendre ou à se faire comprendre d'eux. Mais comment avouer à Roxie et à Miles que les voyages galactiques étaient pour elle monnaie courante ? Qu'elle avait même acheté une paire de skis sur Mars ?

— C'était une blague, s'empressa-t-elle de déclarer.

Roxie ramassa son sac de livres.

— Très drôle.

— Où vas-tu ? s'étonna Sabrina. Tu n'as pas cours avant des heures.

— Je file à la station de radio du campus. Je prends l'antenne dans quarante-cinq minutes.

Miles regarda sa montre.

— Je croyais que tu devais récupérer le créneau du matin.

— Oui, sauf que « De vous à moi » a désormais hérité de la tranche horaire de midi. Le directeur de la station a confié la matinée à un présentateur de choc.

— Qui ? s'enquit Sabrina.

— Je l'ignore et je m'en contrefiche. Ces gens-là sont tous pareils. Ils n'ont rien d'intelligent à dire, pas de bonne musique à passer, mais ils savent comme personne faire exploser l'Audimat.

— Pouah ! s'écria Miles.

— Oh, ce n'est pas le pire. Ce type est une vraie diva. Il refuse d'enregistrer son émission à la station.

— Et on lui passe ce caprice ? s'indigna Sabrina.

— Oui. Selon le directeur, il va attirer une foule d'annonceurs, ce qui lui donne droit à des privilèges.

— Désolée, Roxie, compatit Sabrina. Je sais à quel point tu tenais à avoir l'antenne le matin.

— Bah, répliqua Roxie, amère. Je suppose que les potins sur les stars plairont plus aux étudiants que les discussions politiques ou le heavy metal.

— Pas à moi, affirma Sabrina. J'adore « De vous à moi ».

Roxie eut un sourire forcé.

— Tu dois bien être la seule ! Ah, si je pouvais dénicher encore vingt mille auditeurs qui soient de ton avis...

Sa voix se perdit tandis qu'elle franchissait la porte.

Sabrina avait de la peine pour Roxie. Dans l'immédiat, cependant, plus encore pour elle-même. Elle devait trouver une idée pour son exposé, et vite. Mais son esprit tournait à vide.

— On ne croirait pas que tu as une tante enseignante au département de science, fit observer Miles.

— En effet.

Sabrina soupira. Elle avait toujours été une excellente élève en science et avait même été membre du Club scientifique du lycée de Westbridge. Toutefois, après qu'elle avait découvert le journalisme, cette discipline ne lui avait plus semblé être un choix de carrière aussi passionnant. Dieu merci, tante Zelda ne lui en avait pas tenu rigueur.

Soudain, Sabrina se ragaillardit.

— Miles, tu es un génie ! Je pourrais t'embrasser !

Miles eut l'air choqué.

— Rassure-toi, je ne le ferai pas, lança Sabrina en quittant la maison au pas de course.

La porte claqua bruyamment derrière elle.

— Qu'est-ce que j'ai dit ? s'interrogea Miles, perplexe.

2

Merci, tante Zelda !

Sabrina se précipita dans le bâtiment des sciences et grimpa quatre à quatre les marches qui menaient à l'étage où se trouvaient les laboratoires. Derrière les portes closes, elle entendait vaguement parler les étudiants qui faisaient des expériences. Elle dressa l'oreille, espérant surprendre la voix de sa tante Zelda.

Elle atteignit l'extrémité du couloir et fronça le nez. Une odeur épouvantable provenait d'une petite pièce en angle. Un mélange de caoutchouc brûlé et d'œufs pourris.

Elle ouvrit la porte.

— Tante Zelda ! s'exclama-t-elle. Mon petit doigt m'a dit que tu étais là.

Zelda leva la tête. Des lunettes de protection géantes dissimulaient ses grands yeux bleus.

— Sabrina... Quelle surprise ! (Zelda se rembrunit.) Un problème ? Tu vas bien ?

Sabrina considéra sa tante avec curiosité.

— Un étudiant ne peut-il venir ici sans que quelque chose aille mal ?

Zelda l'observa avec attention.

— La plupart, si. Mais, d'ordinaire, je ne te vois jamais dans ce lieu après tes cours, sauf cas de force majeure.

Sabrina se renfrogna. Tante Zelda la connaissait trop bien.

— OK, j'ai comme qui dirait un souci, admit-elle. Et j'ai pensé que tu pourrais peut-être me tirer d'affaire.

Zelda versa une épaisse substance rose dans une éprouvette emplie d'un liquide bouillonnant.

— Mon portefeuille est dans mon sac.

— Je n'ai pas besoin d'argent, tante Zelda, mais d'un conseil.

Zelda, l'air agréablement surprise, remonta ses lunettes.

— De quoi s'agit-il, ma chérie ?

Sabrina soupira.

— C'est à propos d'un exposé que le Pr Karoy nous a donné ce matin...

— Tu suis les cours de Henry Karoy ? l'interrompit Zelda. Quel merveilleux professeur ! Si intelligent... Si novateur... Et plutôt mignon, par-dessus le marché.

Le Pr Karoy, « mignon » ? Avec ses cheveux rares et ses horribles cravates... Sabrina grimaça.

— Voilà, reprit-elle. Le Pr Karoy nous a demandé de concevoir un projet qui contribue à améliorer la vie des gens. Et nous ne disposons que d'une semaine !

— Excellente idée, apparemment ?

— Atroce, oui ! Je ne suis pas un inventeur !

— Oh, j'y suis ! C'est là que j'entre en scène, n'est-ce pas ?

— Tout juste. Tu es si brillante... Je me suis dit que nous pourrions réfléchir ensemble...

— Non. Tu espérais que je te mâcherais

le travail. (Zelda fixa sa nièce droit dans les yeux.) Ce n'est pas ainsi que tu apprendras quoi que ce soit, Sabrina. Tu cours à la catastrophe. N'as-tu pas tiré la leçon de tes erreurs passées ?

Sabrina hocha la tête.

— Message reçu cinq sur cinq, tante Zelda. Mais si on faisait deux minutes de remue-méninges, toi et moi ? Ce ne serait pas de la triche, hein ?

— J'aimerais t'aider, ma chérie, sincèrement. Mais je ne peux pas. (Zelda désigna les tubes à essais bouillonnants et puants.) Je suis moi-même lancée dans un grand projet.

Elle baissa ses lunettes et ajouta un peu de la substance rose dans son éprouvette. Une odeur de caoutchouc brûlé et d'œufs pourris emplit derechef la pièce.

Sabrina bloqua sa respiration.

— Qu'est-ce que tu fais, à propos ?

— Je fabrique un sérum qui dotera les créatures inférieures de la faculté de raisonner.

— Ouah ! s'écria Sabrina, impressionnée. Et comment testeras-tu son efficacité ?

— Ta tante Hilda me servira de cobaye, la taquina Zelda. Bon, sérieux, il faut vraiment que je continue. Je suis à deux doigts d'une découverte capitale. (Zelda considéra la mine déconfite de sa nièce.) Un vieil ami à moi, un magicien, pourrait peut-être te donner un coup de main. Mais à une condition : promets-moi que le projet que tu présenteras sera ton idée, et non la sienne.

— Promis, juré ! s'écria Sabrina en feignant de cracher par terre.

— Très bien. Laisse-moi consulter mon carnet palmaire. (Zelda regarda la paume de sa main droite. Aussitôt, une liste apparut.) Ah, le voilà !

Elle désigna le dernier nom de la page. Sabrina recopia l'adresse en hâte et se rua vers la porte.

— Merci mille fois ! Je t'adore, tante Zelda !

Zelda sourit et versa quelques gouttes d'une solution bleue dans un tube à essai.

Soudain, une explosion assourdissante fit trembler les murs et une puanteur infecte envahit le couloir.

— Tante Zelda ! brailla Sabrina.

Elle rebroussa chemin en quatrième vitesse. Zelda, titubante, sortit de son laboratoire, les vêtements couverts d'une boue violette, les cheveux emmêlés et la figure noire de suie. Un épouvantail ! Et l'odeur !

— Sabrina, cria sa tante avec lassitude, arrête-toi à la loge du gardien et demande-lui une serpillière, s'il te plaît. Dis-lui de ne pas s'inquiéter... Je nettoierai moi-même.

Sabrina aurait souhaité gagner sans tarder l'Autre Royaume afin de rencontrer l'ami de sa tante. Mais après avoir reniflé ses longs cheveux blonds, elle jugea plus opportun de prendre une douche. Il fallait que ce magicien puisse rester dans la même pièce qu'elle sans avoir des haut-le-cœur.

— Sabrina, attends-moi !

Sabrina ralentit l'allure. Roxie la rejoignit et plissa le nez.

— Pouah ! Tu empestes, Spellman ! C'est quoi, ton eau de toilette ?

— Je suis passée voir ma tante Zelda dans son laboratoire.

— N'en dis pas plus. Alors, qu'est-ce que tu en penses ?

— De quoi ?

— Eh bien, de mon émission, répliqua Roxie, déconcertée. Tu sais, « De vous à moi » ? Comment as-tu trouvé la musique ?

Sabrina se mordit la lèvre.

— Oups ! J'ai oublié d'écouter. Désolée !

Roxie haussa les épaules.

— Pas de problème. Qui a besoin d'audience, de toute façon ?

— Je te promets que je t'écouterai demain.

— À condition qu'on ne refile pas aussi ma tranche horaire à ce nouveau présentateur. Le standard était saturé d'appels pour lui.

— Je suis certaine que les auditeurs téléphonent également à propos de ton émission.

— Oh, pour ça, oui !

— Tu vois bien !

— Ils demandent que je prenne l'antenne une heure plus tard afin de laisser plus de temps à ce type, marmonna Roxie.

— Ils vont vite se lasser de lui. C'est la star du moment, voilà tout. À long terme, les gens en reviennent toujours aux émissions de qualité.

— Je suppose. J'espère. Écoute, j'ai une nouvelle liste de chansons. On peut la regarder ensemble ?

— En fin de journée, ça t'irait ? Dans l'immédiat, je dois prendre une douche et rendre visite à un ami de ma tante. Elle pense qu'il peut me donner un coup de main pour mon exposé de lundi prochain.

Roxie ouvrit la porte et fonça à l'intérieur.

— Ma liste peut attendre. Mais sois de retour à temps pour la fête de ce soir. Elle va être géante, paraît-il.

— T'inquiète. Je fais juste l'aller et retour.

Roxie entra dans la chambre que partageaient les deux filles.

— Au fait, Sabrina...

— Oui ?

— Pourrais-tu aérer ?

— Quelle fenêtre j'ouvre ?

— Toutes. Tu es en train d'empuantir les lieux !

3

Le Magicien de Menlo Park

Une heure plus tard, Sabrina s'engouffra dans la grande demeure victorienne de ses tantes et monta ventre à terre au placard à linge du premier étage. Dans sa précipitation, elle faillit renverser Hilda qui descendait.

Soufflant comme un bœuf, la jeune sorcière s'écarta pour lui laisser le passage.

— Désolée !

— Il n'y a pas de mal, ma chérie. Je ne m'attarde pas, je devrais être au café depuis une heure. (Hilda désigna sa montre à son poignet.) Cette fichue pile est morte... Quel bon vent t'amène, à propos ? Tu n'as plus rien de propre à te mettre ?

Sabrine prit un air vexé. De fait, elle passait souvent chez ses tantes pour laver son linge.

— Je fais des recherches pour un exposé, répliqua-t-elle. Tante Zelda m'a donné l'adresse d'un ami à elle dans l'Autre Royaume. Je lui rends visite pour lui demander conseil.

Hilda se mit à rire.

— Tu vas perdre l'après-midi avec un de ces vieux zinzins ? Si tu veux mon avis, faire ta lessive serait plus passionnant. Mais à ta guise, ma chérie ! En tout cas, ne réveille pas Salem. Il se repose dans ta chambre.

— Dans ma chambre ? En quel honneur ?

— Eh bien, tu ne l'utilises plus, il se l'est donc approprié. J'ignore au juste ce qu'il y fabrique. En général, il s'enferme à double tour.

— Pourquoi dort-il en plein après-midi ?

Hilda haussa les épaules.

— C'est un chat. Les chats dorment tout le temps. Bon, ma chérie, j'y vais.

Parvenue à l'étage, Sabrina constata en effet que la porte de son ancienne chambre était verrouillée. Salem y avait accroché une énorme pancarte : PRIVÉ. DÉFENSE D'ENTRER. OUI, VOUS !

L'écriture était un peu tremblée. Cependant, compte tenu du fait que Salem avait rédigé le texte avec ses pattes, le résultat n'était pas trop mal – la plupart de ses congénères s'en seraient moins bien tirés. Mais aussi Salem n'était pas vraiment un chat. C'était en réalité un magicien que le Conseil des Sorciers avait condamné à passer cent ans dans la peau d'un matou après qu'il eut tenté de dominer le monde.

Il avait peut-être gagné dans cette affaire une robe de fourrure noire, perdu ses pouces et développé un goût immodéré pour les sardines, il n'en demeurait pas moins un magicien toqué. Et s'il se souciait de son intimité au point d'opposer pareille pancarte, on pouvait à coup sûr parier qu'il tramait quelque plan douteux que n'auraient pas approuvé Zelda et Hilda.

Mais au diable les manigances de Salem ! Sabrina devait se rendre au plus vite dans l'Autre Royaume et obtenir de l'aide pour son exposé – et ce, avant la fête de ce soir.

Elle glissa prestement la main dans son sac à dos et en tira l'adresse de l'ami de Zelda. Puis elle ouvrit la porte du placard à linge et pénétra à l'intérieur.

Quelques secondes plus tard, Sabrina se matérialisa dans l'Autre Royaume et observa les alentours. Elle était à côté d'un gros arbre – le seul élément de végétation du paysage. Partout se dressaient de banals immeubles de brique – des usines, selon toute apparence. Pourvu qu'elle ne se fût pas perdue, espéra-t-elle.

À cet instant, elle aperçut un homme aux cheveux noirs bouclés. Il tenait un portfolio en cuir foncé, comme en utilisent les artistes pour transporter leurs dessins.

— Excusez-moi ! lui cria Sabrina.

L'homme se dirigea aussitôt vers elle. Il jeta un coup d'œil étonné à son jean brodé et à son tee-shirt bleu à manches courtes.

— Êtes-vous venue livrer du lait ? (Il désigna un des bâtiments de l'index.) La cuisine se trouve là-bas.

Sabrina fit grise mine.

— Je ne livre rien du tout. Qu'est-ce qui vous fait croire ça ?

L'homme tripota sa moustache et la dévisagea à nouveau.

— Eh bien, vous portez un sac à dos... Et, à vrai dire, la plupart des jeunes femmes ne s'habilleraient jamais en pantalon... en salopette... à moins qu'elles ne travaillent dans une ferme. Et même dans ce cas... euh... c'est tout à fait inhabituel, vous en conviendrez.

Sabrina secoua la tête.

— Inhabituel ? J'ai acheté mon jean dans une boutique hyperbranchée. Sans compter que je l'ai mis exprès pour venir ici.

— Ah... Hum... Bon... Vous paraissez très gentille. C'est seulement que vous avez l'air... euh... différente, bredouilla l'homme, mal à l'aise. Non que ce soit un problème. Chacun, ici, pense autrement que son voisin. Ce qui nous permet d'inventer un tas d'objets étonnants.

— C'est précisément pourquoi je suis là ! s'écria Sabrina avec excitation. Je dois créer quelque chose d'étonnant.

L'homme se mit à rire.

— À la bonne heure ! À présent, je vais peut-être pouvoir vous être utile.

— Êtes-vous le Magicien ? demanda Sabrina avec espoir.

— Qui ça ? Moi ? (L'homme rit derechef.) Eh non.

Le visage de Sabrina s'assombrit.

— Je suis certaine de ne pas m'être trompée d'adresse. Ma tante Zelda m'a affirmé que je le trouverais ici.

— À juste titre. Je ne suis pas lui, voilà tout. (L'homme tendit la main.) Samuel Mott. Son assistant, en quelque sorte. J'exécute les croquis officiels de ses inventions. Et vous êtes... ?

Ils se serrèrent la main.

— Sabrina Spellman. Vous allez me mener au Magicien ?

— Mais oui. Il est sans doute dans son laboratoire. Il y passe au bas mot vingt heures par jour. Sa femme en devient folle.

Sabrina emboîta le pas à Samuel.

— J'imagine. J'espère que le Magicien sera en mesure de m'aider. J'ai absolument besoin de ses lumières.

— Permettez-moi de vous donner un

conseil – ne l'appelez pas « le Magicien ». Il déteste ce surnom. Appelez-le Tom. Ou monsieur E. Il aime beaucoup.

Sabrina était déconcertée. Pourquoi un magicien verrait-il une objection à être appelé un magicien ? Mais avant qu'elle n'ait pu interroger Samuel Mott, ils avaient atteint la porte du bâtiment. Elle suivit Samuel à l'intérieur. Un homme d'un certain âge, de petite taille et les cheveux blancs, contemplait une espèce de caméra.

— Je ne suis pas satisfait, Charles, dit-il à un barbu planté à l'autre bout de la pièce. Ces images manquent de netteté. Je ne voudrais pas que les gens pensent qu'ils doivent changer de lunettes. Je refuse que mon invention profite aux seuls opticiens.

Puis l'homme se remit à examiner l'appareil. Il poussa et tira des boucles de métal, resserra une ou deux vis, régla l'objectif... Il remarqua enfin Samuel et Sabrina.

— Te voilà, Sam ! cria-t-il. Où étais-tu ?

— Je bavardais avec cette jeune demoiselle. Tom, j'aimerais te présenter...

Mais le petit homme coupa court :

— Qui êtes-vous ? demanda-t-il à Sabrina d'un ton bourru.

— Sabrina Spellman, monsieur.

Il s'avança vers elle.

— Parlez plus fort ! J'ai des problèmes d'audition.

— C'est de famille, chuchota Samuel à l'oreille de Sabrina. Il est à moitié sourd depuis l'enfance.

— Je m'appelle Sabrina Spellman, répéta-t-elle d'une voix de stentor.

— Oh... Avez-vous un lien de parenté avec Zelda ?

— Oui, monsieur. C'est ma tante.

Le petit homme se radoucit.

— Zelda ne m'a jamais confié qu'elle avait une nièce. Je suis enchanté toutefois de faire votre connaissance. Votre tante est un cerveau.

— Merci. Elle m'a dit la même chose à votre sujet. Elle a ajouté que si quelqu'un pouvait me venir en aide, c'était bien le Magicien. Êtes-vous un magicien ?

— Absolument pas. Et je ne supporte pas qu'on me dénomme ainsi. Cela sous-entend qu'il y a de la magie mêlée à mon travail.

Or, qu'y a-t-il de magique à faire fonctionner sa matière grise pour découvrir des inventions ? Mon nom est Tom. Tom Edison.

Sabrina était sous le choc. Zelda avait omis de lui signaler que son ami était en réalité Thomas Alva Edison, l'homme que les journalistes surnommaient « le Magicien de Menlo Park », à cause des innombrables trouvailles qu'il faisait dans son laboratoire de Menlo Park, dans le New Jersey. Sabrina avait tout appris sur lui au lycée. Il était entre autres l'inventeur de la lampe à incandescence, du kinétoscope, du phonographe...

Ouah ! Sabrina ne cessait d'être bluffée par le nombre de célébrités que ses tantes avaient côtoyées au cours des siècles écoulés.

Elle étudia la grosse caméra noire. Faite d'épais métal, elle reposait sur un socle de bois. Quasiment aussi haute que Sabrina, elle paraissait peser des tonnes.

— Ça vous plaît ? lui demanda Tom. C'est une de mes dernières créations. Le kinétoscope permet de filmer des images en mouvement. Jusqu'à présent, hélas, je n'ai pas réussi à le faire marcher correctement.

— C'est énorme ! Je suis habituée à des caméras vidéo beaucoup plus petites.

— Impossible ! répliqua Tom d'une voix empreinte d'inquiétude. C'est l'unique appareil de ce genre existant au monde. J'en suis sûr et certain. C'est *mon* invention. Sam vient d'en déposer les croquis au bureau des brevets. Où auriez-vous pu en voir un semblable ?

— C'est bel et bien l'ancêtre de la caméra. Mais, dans le futur, il y en aura plein.

Tom considéra Sabrina avec curiosité.

— Comment pouvez-vous l'affirmer ?

— Je le sais, voilà tout !

— Seriez-vous un de ces médiums de fêtes foraines ?

Sabrina secoua la tête.

— Non. Ce sont tous charlatans et compagnie. Mes visions de l'avenir, elles, sont plus dignes de confiance.

Tom lui jeta un regard sceptique mais resta coi. Visiblement, il avait d'autres chats à fouetter.

Sabrina examina de nouveau le kinétoscope. Elle n'arrivait pas à croire qu'elle était en train de contempler la première caméra de l'histoire. S'ils l'apprenaient, les étudiants en cinéma d'Adams College en feraient une jaunisse, songea-t-elle.

— J'aimerais croire ce que vous me dites, reprit soudain Tom. À franchement parler, cette caméra me fait une belle jambe. Au départ, je voulais améliorer la vie de mes semblables. Jusqu'ici, hélas, ma lampe à incandescence est la seule de mes inventions qui intéresse les foules. Les gens se moquent du reste comme d'une guigne, excepté un ou deux savants.

— Vous plaisantez ? Vous êtes le plus grand inventeur de tous les temps !

— Dites-le à mes investisseurs. Ils s'étonnent que je ne leur rapporte pas une fortune.

— Qu'importe l'argent ? Vous avez transformé le monde !

Tom se frotta l'oreille.

— Pardonnez-moi. Je ne vous ai pas bien entendue. Avez-vous dit « transformé » ?

Oups !

— Votre lampe a réellement changé les choses, n'est-ce pas ? Eh bien, je parie que ce sera aussi le cas de vos autres inventions.

Ouf !

Tom s'assit et enfouit son visage dans ses mains.

— J'en doute, marmonna-t-il. Quand je serai mort, personne ne se souviendra de moi. (Il demeura silencieux quelques instants.) Vous êtes ici pour que je vous aide à régler un problème, ajouta-t-il enfin. Je serai heureux de rendre service à la nièce de Zelda Spellman.

Sabrina réfléchit. Elle ne supportait pas qu'un génie tel que Thomas Alva Edison soit si déprimé. Elle eut envie de le réconforter.

— Vous savez quoi ? Je vous propose un marché. Vous m'aidez à trouver une idée de projet et je vous prouve que votre nom restera à jamais dans l'histoire.

Tom éclata de rire.

— Vous-même avez l'esprit fort inventif, jeune demoiselle.

Sabrina secoua la tête.

— Vous verrez, lui assura-t-elle. Alors, marché conclu ?

Tom tendit la main.

— Marché conclu !

— Parfait. Allons-y.

— Où m'emmenez-vous ?

— À Adams Collège, dans le Massachusetts.

— Oh... Le trajet en train risque d'être un peu long.

Sabrina jeta un coup d'œil à la date d'un journal posé sur la table. Le 9 mars 1886.

— En vérité, nous ne prendrons pas le train, déclara-t-elle, énigmatique. Et notre voyage nous fera parcourir une bonne centaine d'années.

Tom lui adressa un regard nerveux. Cette jeune fille était des plus bizarres.

Mais Sabrina, sans lui laisser l'occasion de se raviser, agita l'index en l'air.

4

Bienvenue au XXIe siècle

Tous deux se matérialisèrent au milieu du campus d'Adams Collège.

— Bonté divine, où sommes-nous ? s'exclama l'inventeur.

— Je vous l'ai dit, dans le Massachusetts. En l'an 2005.

Les yeux de Tom lui sortirent des orbites.

— Au XXIe siècle ? Impossible !

— Rien n'est impossible. Vous, plus que quiconque, êtes bien placé pour le savoir.

— Mais personne n'a jamais réussi à voyager dans le temps... Ça, alors ! s'écria Tom avec incrédulité. Comment faites-vous, m'avez-vous dit ?

Sabrina sourit.

— Je ne vous l'ai pas dit.

Tom fronça les sourcils.

— Pourtant, vous n'avez ni vaisseau ni nacelle ? De grâce, dites-le-moi ! Je vous promets de ne pas vous voler l'idée. Comment avez-vous accompli cet exploit miraculeux ?

Sabrina, consciente que Thomas Alva Edison ne la croirait pas, se borna à répondre :

— Cela vous étonne-t-il de la part de la nièce de Zelda Spellman ?

— Bon sang ne peut mentir, en effet. (Tom regarda une étudiante passer devant lui à toute allure sur des rollers. La jeune fille dodelinait de la tête en rythme avec la musique qui braillait dans ses écouteurs.) Drôles de cache-oreilles, grogna-t-il. Leur matériau ne semble pas conçu pour protéger du froid... Sans compter qu'il fait une chaleur d'étuve.

— Ce ne sont pas des cache-oreilles, mais un baladeur. Elle écoute des chansons grâce à lui.

— Ah... Comme mon phonographe, réfléchit Tom. Mais où sont les fils ? Elle doit disposer d'un très long cordon.

— Non, cet appareil fonctionne sur piles... des petits objets de métal qui transforment l'énergie chimique en énergie électrique. Il y a un pôle positif et un pôle négatif et... (Sabrina ignorait au juste comment marchaient des piles. Elle savait seulement qu'elles marchaient. Se détournant, elle glissa la main dans son sac à dos et agita discrètement l'index. Aussitôt, un baladeur apparut dans sa paume.) Tenez.

Elle le plaça sur la tête de Tom.

L'inventeur demeura un moment immobile tandis que le son lui remplissait les oreilles. Son visage reflétait l'étonnement le plus total.

— Des piles, marmonna-t-il. Incroyable. Je vais me pencher là-dessus dès mon retour.

— En attendant, allons nous pencher sur mon exposé.

Tom suivit Sabrina à travers le campus. Parvenue à un croisement, la jeune sorcière traversa. Tout à coup, un tintamarre de klaxons retentit dans son dos. Elle se retourna et découvrit Tom planté au milieu de la chaussée. Hypnotisé, il observait le feu de signalisation passer du rouge au vert puis du vert au rouge. Une file d'automobilistes furieux s'allongeait peu à peu derrière lui.

— Dégage, crétin ! cria un homme dans une BMW noire.

— Vous avez un problème ? demanda une femme dans une fourgonnette grise. Je dois conduire mes enfants à leur entraînement de football.

— Ça, alors ! s'exclama Tom. Des voitures sans manivelle. Sabrina, marchent-elles grâce à des piles, elles aussi ?

Sabrina se précipita et attrapa Tom par la main.

— Ne restez pas là ! le réprimanda-t-elle. Vous allez vous faire tuer !

Sabrina frissonna. Si Tom mourait maintenant, alors qu'il avait encore tant d'inventions à créer... Elle s'efforça de chasser cette pensée de son esprit. Elle n'osait même pas imaginer le désastre que ce serait pour le monde moderne.

Tom désigna son baladeur.

— Qu'avez-vous dit ?

Sabrina soupira et poursuivit sa route. Plus vite Tom l'aiderait pour son exposé, plus vite elle pourrait le renvoyer dans son époque.

À peine arrivée chez elle, elle mesura son erreur. Il y avait un détail que ses manuels d'histoire n'avaient jamais mentionné au sujet de Thomas Alva Edison : il adorait parler de ses inventions. Et se trouver en compagnie d'un homme beaucoup plus âgé qu'elle qui ne cessait d'évoquer telle ou telle de ses trouvailles n'était pas franchement la meilleure façon d'impressionner ses colocataires.

Pour couronner le tout, pas un ne manquait à l'appel. Roxie se préparait un en-cas dans la cuisine, Miles étudiait dans sa chambre et Morgan squattait la salle de bains afin de peaufiner son look en vue de la fête.

— Ça, alors ! s'extasia Tom lorsque Sabrina lui eut montré comment éteindre et allumer les lumières.

Il appuya une ou deux fois sur l'interrupteur.

— Qu'est-ce qui se passe ? brailla Roxie, la tête dans le réfrigérateur. On se croirait dans une boîte disco. Ça suffit !

Mais Tom continua son petit manège.

— Aucun branchement visible. Ça, alors ! Je n'aurais jamais imaginé un prodige pareil quand j'ai inventé ma lampe à incandescence.

Roxie émergea du Grand Nord juste à temps pour entendre la fin de la phrase. Les yeux écarquillés comme des soucoupes, elle faillit recracher le grain de raisin qu'elle avait dans la bouche.

— Pardon ? Quand vous avez quoi... ?

Tom lui jeta un regard étrange.

— Quand j'ai inventé la lampe à incandescence. Certes, il en existait déjà quelques modèles, mais c'est moi qui ai réussi à la faire fonctionner. Ce qu'il me fallait, c'était un filament qui ne se consume pas. Alors, lorsque j'ai découvert le fil carbonisé...

— Que c'est fascinant ! (Roxie agrippa Sabrina par le bras.) Je peux te parler un instant ? grinça-t-elle entre ses dents serrées.

— Bien sûr. (Sabrina se tourna vers Tom.) Visitez donc la maison. Nous revenons dans une minute.

Roxie entraîna sa colocataire dans leur chambre.

— Qui c'est, ce dingue ?

— Tom, tu veux dire ?

Roxie soupira.

— Tu en aperçois un autre dans les parages ?

— C'est... eh bien, c'est... bégaya Sabrina. C'est un vieil ami de ma tante Zelda.

— Qu'est-ce qu'il fiche ici ?

— Il avait envie de voir à quoi ressemblait la vie au XXIe siècle.

— Quoi ? s'exclama Roxie, incrédule.

— La vie des étudiants au XXIe siècle, rectifia Sabrina en hâte.

— Mais qu'est-ce que c'est que ce discours sur son invention ?

— Oh, ça... Il est un peu excentrique. Mais il est si gentil ! Entre dans son jeu, d'accord ? Il va m'aider à trouver une idée pour l'exposé de science. Il n'a pas l'intention de s'attarder.

— Il a intérêt. Nous allons à une fête, je te rappelle.

Oups ! Sabrina avait oublié.

— Dans ce cas, je ferais mieux d'aller le rejoindre. Au travail, Tom ! s'écria-t-elle gaiement en franchissant le seuil de la cuisine.

Elle regarda autour d'elle. Personne.

— Tom ! cria-t-elle. Tom, où êtes-vous ?

Elle se rua vers la porte d'entrée.

— Je suis là ! répondit Tom d'une voix tonitruante.

— Dans ma chambre ! ajouta Miles.

Sabrina poussa un soupir de soulagement et tenta de se calmer.

— Tom ! Vous m'avez fait peur ! J'ai cru que vous aviez disparu.

— Vous m'aviez dit de visiter la maison, Sabrina. Miles a eu la gentillesse de me montrer ce... ce... Comment appelez-vous cette machine, déjà ?

— Un ordinateur, répondit Miles avec hésitation. Vous n'en avez jamais vu ? C'est inouï !

— Là d'où vient Tom, on n'est pas exactement à la pointe du progrès technologique, s'empressa d'expliquer Sabrina.

Tom effleura le clavier.

— Et vous dites qu'on peut communiquer avec des gens vivant au Japon, en Russie ou en Australie grâce à cet appareil ?

Miles opina.

— N'importe où dans le monde. Que l'on habite une mégapole ou un bled paumé. Il suffit d'avoir un modem.

— Un quoi ?

— Un modem. C'est ce qui relie l'ordinateur à Internet.

— À quoi ?

Sabrina soupira. Ce petit jeu risquait de se poursuivre à l'infini. Et c'était la dernière chose qu'elle souhaitait.

— Je vous donnerai un manuel, Tom, intervint-elle vivement. Vous pourrez l'étudier à loisir.

— Oh, merci, Sabrina ! N'oubliez pas, surtout. (Il tourna de nouveau son attention vers l'ordinateur.) C'est absolument renversant ! Vous savez, j'ai amélioré la machine à écrire en remplaçant les parties en bois par du métal. Et, bien sûr, j'ai aussi conçu le quadruplex, un appareil capable de transmettre simultanément quatre messages télégraphiques. Cependant, il ne m'est jamais venu à l'esprit de combiner ainsi les deux. Cela étant, je ne doute pas d'avoir, d'une certaine façon, contribué à l'invention de l'ordinateur moderne.

Miles le regarda, éberlué.

— Steve Jobs ou Bill Gates ne seraient peut-être pas d'accord avec vous sur ce point.

— Qui ? demanda Tom.

— Il est un peu perdu. Le décalage horaire, probablement, chuchota Sabrina dans l'oreille de Miles. Ne le contrarie pas.

Miles acquiesça et s'écarta pour laisser Tom taper un message. Les yeux du vieil homme s'élargissaient comme des soucoupes à mesure que les mots apparaissaient sur l'écran.

— « J'adore les temps modernes », lut-il à haute voix.

« Vous avez du courrier », lança soudain l'ordinateur.

Tom recula sous l'effet de la surprise.

— Cette machine parle également ? Ça, alors !

Miles observa Tom.

— Tu sais, Sabrina, la tête de ton ami me dit vraiment quelque chose. Je jurerais l'avoir déjà vu quelque part.

— Oh, ça m'étonnerait ! répliqua Sabrina à la hâte. Il n'habite pas la porte à côté.

— N'empêche... Je l'ai vu quelque part. Peut-être en photo. Sauf que je n'arrive pas à me rappeler où j'ai...

Avant que Miles pût terminer sa phrase, un déferlement de musique heavy metal fit vibrer la maison. Tom l'entendit malgré sa surdité.

— Bonté divine ! s'exclama-t-il, effrayé. Qu'est-ce que c'est ?

— La stéréo de Roxie, répondit Miles. Elle la met toujours à fond quand elle est en colère.

— Oh... Qu'est-ce qu'une stéréo ?

— Une sorte de tourne-disque ou de phonographe, expliqua Sabrina.

Tom s'illumina.

— Je suis incollable sur ce sujet. J'en ai inventé un moi-même.

Miles demeura pensif un moment.

— Le phonographe. Il a été inventé par Thomas Alva Edison. *Eurêka !* Sabrina, est-ce que ton ami ne te fait pas penser à...

Sabrina, sans attendre, attrapa Tom par le coude.

— Nous devons y aller, s'excusa-t-elle à l'intention de Miles. Vous et moi avons du pain sur la planche, Tom.

— Au revoir, Miles. J'ai été enchanté de bavarder avec vous, déclara Tom tandis que Sabrina l'entraînait hors de la pièce.

Sabrina tressaillit en entrant dans la salle de séjour. La musique y était dix fois plus assourdissante encore. Elle frappa un coup rageur à la porte de la chambre.

— Roxie, baisse le son, s'il te plaît !

Le vacarme s'atténua légèrement.

— Pourquoi votre amie est-elle en colère ? s'enquit Tom.

— Parce que son émission n'est pas la plus populaire du campus.

— Quel genre d'émission ? voulut savoir Tom, son intérêt éveillé.

— Une émission de radio. Elle fait passer

de la musique dans un studio et les gens l'écoutent sur un de ces appareils.

Sabrina alluma un radioréveil.

Tom souleva le poste et tenta de jeter un coup d'œil à l'intérieur.

— Ça, alors !

À cet instant, Morgan sortit en trombe de la salle de bains, le visage couvert d'un masque verdâtre, les cheveux enroulés au sommet du crâne. Elle portait un peignoir en molleton rose fluo avec les chaussons assortis.

— Qu'est-ce que c'est que ce boucan ?

— Ahhh ! hurla Tom en l'apercevant. Avons-nous pris contact avec les Martiens, finalement ?

Morgan roula les yeux.

— Qui est ce vieux comique ?

— Oh, c'est Tom, un ami de ma famille. Tom, voici une autre de mes colocataires, Morgan. Elle ne vient pas de Mars, croyez-moi. Elle est cent pour cent terrienne.

Tom tendit la main.

— Enchanté, Morgan. C'est un plaisir de faire votre connaissance.

— Je n'en doute pas une seconde. (Morgan

se tourna vers Sabrina.) Qu'est-ce qui t'a pris de mettre la radio aussi fort ?

— Désolée, Morgan. Je montrais quelque chose à Tom.

— Ne pourrais-tu pas le lui montrer ailleurs ? J'ai besoin de me concentrer pour la fête de ce soir. Je n'arrive pas à appliquer mon mascara avec ce bruit d'enfer.

Sabrina éteignit la radio.

— À la bonne heure ! Et pendant que tu y es, dis à Roxie de mettre sa stéréo en veilleuse.

Et Morgan retourna de ce pas s'enfermer dans la salle de bains.

Sabrina frappa de nouveau à la porte de la chambre. Cette fois, Roxie éteignit sa chaîne et sortit en trombe de la pièce. Elle avait revêtu sa tenue de soirée – grosso modo, la même que celle de tous les jours : jean et chemise en voile. Maquillage léger sur les cils et une touche de brillant à lèvres.

— Il est encore là ? grogna-t-elle en lorgnant Tom. Je croyais que tu étais prête à partir.

Sabrina soupira et s'affala sur le divan.

— Vas-y sans moi. Tom et moi n'avons pas encore commencé.

— Tu veux que j'y aille toute seule ? C'est hors de question !

— Morgan te rejoindra plus tard. Ainsi que Miles.

Roxie leva les yeux au ciel.

— Tu parles d'une compagnie ! (Roxie fronça les sourcils.) Tu m'avais promis de venir avec moi. Ça va être une fête à tout casser. Ils ont une nouvelle sono complètement top et des éclairages de scène dernier cri sur la piste de danse et...

— Navrée, Roxie. Je dois m'atteler à mon exposé. Tom n'est là que pour quelques heures et...

— Quelqu'un a parlé d'une fête ? l'interrompit Tom.

— Aucune importance, Tom. Vous ne me privez pas d'un événement exceptionnel. Il y en aura un tas d'autres de ce genre.

— Pas pour moi, Sabrina.

— Pardon ?

— C'est ma seule chance d'assister à une fête au XXIe siècle. J'ai très envie de voir ces fameux éclairages de scène et d'entendre cette sono neuve. De toutes mes inventions, le phonographe est ma préférée.

Sabrina secoua la tête.

— Impossible.

— Pourquoi ?

— Parce que... parce que... seuls les étudiants y sont admis, déclara Sabrina en désespoir de cause.

— Est-ce là une règle écrite ?

— Êtes-vous déjà allé à une telle soirée ?

— Il y a une première fois à tout. Par ailleurs, comment puis-je vous aider pour votre exposé si j'ignore à quoi ressemble votre vie ? J'ai besoin d'examiner les inventions modernes afin de les améliorer, le cas échéant. Sabrina, vous accompagner à cette fête servira autant vos objectifs que les miens.

— Eh bien...

— Allez, Sabrina ! Cela fait des années que je n'ai pas mis les pieds dans une fête. J'ai passé l'essentiel de mon temps enfermé dans mon laboratoire.

— Bon, je suppose que nous pouvons consacrer une heure à nous divertir...

Roxie tira Sabrina à l'écart.

— Tu es folle ? siffla-t-elle. Tu ne songes pas vraiment à l'amener à la fête, n'est-ce pas ?

— Pourquoi pas ? Il a raison, au fond. Et il va m'aider pour mon exposé.

— Nous ne pouvons pas nous pointer avec un vieux type qui croit avoir inventé la lampe à incandescence ! On va nous prendre pour des dingues. Ou, pire, pour des ringardes !

— Personne ne le remarquera, répliqua Sabrina. Nous allons le relooker un peu.

— Ah oui ? Et comment ?

Sabrina réfléchit.

— On va lui prêter des vêtements de Miles et lui couvrir la tête d'une casquette de base-ball. Il se fondra tout à fait dans le paysage.

Roxie passa mentalement en revue la garde-robe de Miles : des tee-shirts élimés et des chemises écossaises en flanelle boutonnées jusqu'au col.

— Les vêtements de Miles... Bonjour la dégaine, maugréa-t-elle.

5

Le clou de la soirée

— Faut-il vraiment qu'il trimbale ce calepin ? marmonna Roxie tandis que le trio montait les marches du perron. Ça suffit bien qu'il soit sapé comme un plouc.

— Je ne sais pas à l'avance à quel moment une idée va me traverser l'esprit, expliqua Tom. C'est pourquoi j'emporte toujours un carnet de croquis.

Sabrina jeta un coup d'œil à Tom. Elle devait admettre qu'il avait une allure bizarre. Et pas seulement à cause du calepin. Les vêtements de Miles ne lui allaient pas. Le jean le serrait à la taille et traînait par terre. Tom avait boutonné sa chemise jusqu'au col et roulé les manches. Mais, le pire, c'était le chapeau dont il s'était coiffé pour dissimuler sa calvitie et ses mèches grisonnantes : une casquette *Star Trek* avec des petites oreilles pointues sur le côté. Miles avait consenti à la lui prêter parce qu'il en avait deux.

Sabrina eut un sourire forcé.

— Il fait sombre, Roxie. On n'y verra que du feu.

Bong ! Bong ! Bong !

Le retentissant tempo de batterie qui les accueillit à la porte fit vibrer Sabrina de la tête aux pieds.

— Ils ont sûrement mis les basses à fond, cria-t-elle.

Roxie commença à dodeliner de la tête en rythme.

— Top !

— C'est deux dollars par personne, annonça un jeune étudiant à l'entrée.

Sabrina faillit éclater de rire. Il portait un bonnet de lutin où s'agitaient des clochettes.

— Chouette chapeau ! dit l'étudiant à Tom. C'est sympa de revoir des anciens.

Sabrina sourit, soulagée. Un problème de réglé.

Mais il restait encore un tas d'obstacles à franchir.

Tom tendit l'oreille vers le garçon.

— Pardon ? Qu'avez-vous dit ? Je n'entends pas très bien.

— À cause de la musique, s'empressa d'expliquer Sabrina. Il n'entend pas très bien à cause de la musique. Qui est fantastique, d'ailleurs.

Elle se hâta de pousser Tom dans la pièce.

— Ça, alors ! brailla-t-il par-dessus le boucan. (Il observa une boule à facettes envoyer des cercles de lumières bleues, rouges et jaunes sur les murs et le plafond.) Quelle utilisation intéressante de mon invention. Ce n'est absolument pas ce que j'avais prévu, mais c'est très divertissant.

— Tom, cessez de parler à tout bout de champ de vos inventions, s'il vous plaît ! Ça fait un peu bizarre.

— Qu'avez-vous dit, Sabrina ?

La jeune sorcière soupira.

— Aucune importance.

À cet instant, un beau garçon brun s'approcha en douce de Sabrina et la saisit par la taille. Elle sursauta sous l'effet de la surprise, pivota et sourit.

— Josh ! Tu as réussi à venir !

— Je te l'avais promis.

Sabrina lui adressa un sourire radieux.

— Mais je croyais que tu étais charrette et que tu passerais la nuit enfermé dans ta chambre noire.

Josh était photographe au *Boston Citizen.*

— Allons danser.

— Avec joie. Laisse-moi d'abord te présenter un ami. (Elle se retourna. Tom avait disparu.) Oh non ! Où est Tom ?

— Tom qui ? demanda Josh, sur la défensive.

— Pas de panique ! C'est un ami de tante Zelda. Il avait envie de voir à quoi ressemblait une fête d'étudiants. Le hic, c'est qu'il n'est plus là et que...

Josh se mit à rire.

— Un ami de ta tante Zelda ? Dans ce cas, il est sans doute assez grand pour se débrouiller seul. (Il saisit la main de la jeune fille.) Viens danser.

Josh l'entraîna sur la piste de danse. Fouillant la pénombre du regard, elle finit par repérer Tom. Agenouillé par terre, il dessinait dans son carnet une prise de courant. Elle se détendit. Au moins se tenait-il à l'écart des ennuis.

Soudain, la musique se tut.

— Que se passe-t-il ? brailla un étudiant.

— Remettez la musique ! hurla un autre.

— Bon sang, ça craint ! ajouta un troisième.

Puis tout le monde commença à vociférer. Le DJ essaya de calmer les troupes et inspecta ses appareils.

— Remboursez ! cria une fille aux longs cheveux châtains.

— Fichons le camp ! décréta une jolie blonde.

Et, en un clin d'œil, l'assistance se rua vers la porte.

Miraculeusement, la musique retentit de nouveau. Pour s'interrompre encore.

— Ça, alors !

Sabrina vit Tom examiner la prise qui alimentait la chaîne. Des étudiants l'aperçurent et traversèrent la pièce au pas de charge dans sa direction.

Aïe !

Sabrina frissonna.

— Hé là, vous !

— Moi ? demanda Tom.

— Oui, vous !

Sabrina déglutit. Les garçons fendaient la foule, l'air de vouloir en découdre. Le plus costaud tendit le bras... et serra chaleureusement la main de Tom.

— Vous avez sauvé la fête ! s'exclama-t-il. Il aurait pu nous falloir des heures pour comprendre que l'appareil était débranché.

Il rebrancha la prise et la musique repartit aussitôt. Les étudiants soulevèrent Tom dans les airs et le promenèrent sur leurs épaules tout autour de la salle.

— Hip hip hip ! hourra pour notre héros ! clamèrent-ils.

Tom, à l'évidence, s'amusait comme un petit fou. Souriant, il agitait la main à la ronde et paraissait avoir complètement oublié son calepin. Quand les garçons le reposèrent au milieu de la piste de danse, un groupe de jeunes beautés l'entourèrent.

— Dansez avec moi ! l'implora une fille portant un pullover bleu ciel.

— Sûrement pas ! protesta une autre. Je l'ai vu la première.

— Ça m'étonnerait, intervint une troisième. Je l'ai repéré à son arrivée.

— Pas de problème, jeunes filles, déclara Tom. Dansons tous ensemble.

— Quelle idée géniale ! s'extasia la fille au pull bleu.

— C'est lui, ton ami ? demanda Josh à Sabrina.

La jeune sorcière hocha la tête.

— Un vieil ami de la famille.

— Vieux, en effet. Mais il paraît plutôt cool. Il a sauvé la fête.

Tom, à partir de cet incident, s'en donna à cœur joie. À un moment donné, Sabrina crut le voir danser sur le bar, suscitant l'admiration des filles les plus canon du campus.

Sabrina, cependant, n'en menait pas large. Car elle connaissait un détail à propos de Tom que tous ici ignoraient : l'inventeur était un être anachronique. Et ce fait ne pouvait que mener au désastre.

— Beurk ! C'est écœurant ! (La voix stridente de Morgan couvrit la musique.) Vous avez envoyé une méga-goutte de transpiration sur mon tee-shirt.

— Que voulez-vous, Morgan ? brailla Tom en réponse. Le génie est fait de un pour cent d'inspiration et de quatre-vingt-dix-neuf pour cent de transpiration.

— Vous êtes répugnant ! beugla Morgan en s'éloignant.

Peu après, Tom se retrouva aux côtés de Sabrina.

— Nous allons en voiture à une pizzeria du campus, annonça-t-il. Nous resterons debout jusqu'à l'aube, puis nous écouterons la radio. (Il eut un sourire radieux.) Que c'est excitant !

— Vous n'irez nulle part, riposta Sabrina.

— Mais j'étais sur le point de vous inviter à vous joindre à nous...

— Vous avez un contrat à honorer, Tom. Et Josh doit retourner bientôt à son journal. Nous ne ferons pas la fête toute la nuit.

— Oh ! La bande se propose d'écouter « Salem Matin ». Il paraît que ce présentateur est génial.

Sabrina déglutit. Salem ? Impossible ! Le Salem qu'elle connaissait était un chat, pas un présentateur de radio. Il devait avoir un homonyme.

Non. Il n'y avait qu'un seul et unique Salem, Sabrina en aurait donné sa tête à couper. Se pouvait-il que le matou fût le nouveau présentateur vedette qui empoisonnait la vie de Roxie ?

Sabrina chassa le problème de son esprit. Elle en avait d'autres, plus graves.

Elle prit rapidement congé de Josh et poussa Tom vers la porte.

— Nous rentrons chez vous ? demanda l'inventeur. J'ai encore quelques questions à poser à Miles au sujet de son ordinateur.

Sabrina secoua la tête.

— Non. Vous couchez chez mes tantes. Vous y serez à l'abri des ennuis... Du moins je l'espère, ajouta-t-elle à part soi.

6

« Salem Matin »

Le lendemain matin, Sabrina s'éveilla aux aurores. La maison était silencieuse. Roxie et Morgan dormaient pour récupérer de la fête de la veille. Miles s'était couché tard, après avoir vainement tenté de transmettre ses pensées aux habitants de l'espace et, pour l'heure, il roupillait afin d'oublier sa déception.

Mais Sabrina, elle, ne pouvait s'offrir le luxe de paresser au lit. Elle devait soutirer une idée de génie à Tom pour son exposé, puis le renvoyer au XIXe siècle avant qu'il ne lui cause davantage d'ennuis.

Elle mit le cap sur la demeure de ses tantes, saluée par une cacophonie d'aboiements.

Bizarre. La gent canine donnait partout de la voix.

Sabrina se couvrit les oreilles et pressa l'allure, désireuse d'arriver au plus tôt chez ses tantes. Il n'y aurait là-bas ni jappements, ni grondements – Zelda et Hilda n'avaient pas de chien. Dès qu'elle aurait franchi leur porte, elle trouverait la quiétude propice à ses projets de travail.

Hélas... Bruit et fureur régnaient dans la grande demeure victorienne. Tom avait mis la radio à plein volume – elle l'entendit avant même d'avoir poussé la porte.

— Qu'est-ce qui se passe ? hurla-t-elle par-dessus le vacarme.

— Quoi ? répondit Tom.

Sabrina éteignit l'appareil.

— Pourquoi avez-vous fait ça ?

— C'était un peu fort.

— Comment l'entendrais-je, sinon ? J'ai un petit problème d'audition, je vous rappelle.

Sabrina piqua un fard. Elle l'avait oublié.

— Je vous présente mes excuses.

— Je les accepte.

Sabrina balaya la pièce du regard.

— Où sont mes tantes ?

— Zelda est partie très tôt à son laboratoire. J'ai été enchanté de la revoir. Quelle vitalité ! Quelle intelligence ! Et elle n'a pas changé. Elle est toujours aussi belle.

Sabrina fit la grimace.

— Et tante Hilda ?

— Je ne sais plus trop ce qu'elle avait à faire. Mais ne vous inquiétez pas pour moi. J'ai écouté la radio. Ça, alors ! Quelle invention fantastique ! Et ce présentateur est franchement hilarant.

— Quel présentateur ?

— Vous savez bien, le dénommé Salem. Il est tordant.

Sabrina déglutit. La remarque de Tom, à la fête, lui revint brusquement à l'esprit.

— Tordant, vraiment ? demanda-t-elle avec nervosité.

Tom ralluma la radio. Aussitôt, la voix du chat de Sabrina flotta dans la pièce.

— Et rebelote ! s'esclaffa le matou. (*Ding, dong !* Le bruit d'une sonnette retentit sur les ondes.) Nous avons un autre auditeur en ligne. « Salem Matin ». Vous êtes à l'antenne.

— Arrêtez ça ! hurla la voix coléreuse d'un homme. Vous rendez mon chien complètement dingue !

— Arrêter quoi ? s'enquit Salem avec une feinte innocence.

— De faire tinter cette sonnette ! Chaque fois, Médor aboie comme un fou. Mon propriétaire va finir par me flanquer dehors !

— Oh... Vous voulez dire cette sonnerie ?

Ding, dong ! Médor se déchaîna en arrière-plan.

Sabrina soupira. Voilà ce qui expliquait l'excitation de la population canine. Elle devait mettre un terme aux activités coupables du matou. Mais où était-il ?

Soudain, les pièces du puzzle s'assemblèrent – la pancarte sur la porte de sa chambre, les siestes du matou en début d'après-midi, le refus du mystérieux présentateur d'enregistrer son émission à la station...

« Salem Matin » était diffusé de la chambre de Sabrina !

— Je vous laisse un instant, Tom, dit-elle en hâte. Tâchez de vous occuper, d'accord ?

Elle grimpa l'escalier quatre à quatre et voulut pousser la porte de sa chambre.

Verrouillée. Dieu merci, Sabrina était une sorcière. Elle remua l'index, et le battant s'ouvrit.

— Salem, à quoi joues-tu ?

Salem avala nerveusement sa salive et se pencha vers le micro.

— Tiens, tiens... qui voilà ? Sabrina Spellman, une adorable étudiante d'Adams Collège, venue nous rendre visite à « Salem Matin ». Vous êtes très en beauté, ce matin, Sabrina. Le bleu de votre chemisier met vos yeux particulièrement en valeur.

— Sérieux ? bégaya Sabrina, prise au dépourvu. (Puis elle se ressaisit.) Que crois-tu être en train de faire, le chat ?

Salem posa la patte sur le micro.

— Coopère, OK ? Je suis à la veille de renégocier mon contrat.

— As-tu la moindre idée des problèmes que tu provoques ?

— Sabrina, cria Tom du rez-de-chaussée, descendez, s'il vous plaît ! J'ai tourné le bouton de cette grosse machine blanche et maintenant le sol est couvert de bulles.

Oh non ! Tom avait touché au lave-linge !

— Je dois régler cette affaire, déclara-t-elle au matou. Mais tu ne perds rien pour attendre.

À peine eut-elle tourné les talons, Salem reprit son émission.

— Comment appelle-t-on un chien doté d'un demi-cerveau ? Un surdoué ! Et comment faire étinceler les yeux d'un toutou ? En lui allumant une lampe dans les oreilles. (Salem éclata de rire.) J'en ai des centaines comme celles-là, les amis !

Sabrina, secouant la tête, dévala l'escalier. Sans crier gare, elle dérapa dans de l'eau savonneuse et termina de descendre les deux dernières marches sur les fesses.

Elle se releva et frotta son postérieur douloureux.

— Ouille ! marmonna-t-elle. Tom ? Tom, où êtes-vous ?

— Ici.

La voix venait de la buanderie.

Quand Sabrina ouvrit la porte, un raz de marée de bulles déferla, manquant la faire tomber. Tom, trempé de la tête aux pieds, avait l'air à la fois confus et ravi.

— Ça, alors ! Je dois en prendre un croquis.

Brandissant haut son calepin, il se mit à dessiner furieusement.

— Que s'est-il passé ? demanda Sabrina.

— Vous m'aviez dit de m'occuper, lui rappela Tom. J'ai jeté un coup d'œil par-ci, par-là. Puis je suppose que j'ai renversé cette boîte en carton, là-bas, quand j'ai actionné le bouton de cette machine à eau.

Sabrina pataugea et éteignit le lave-linge. Le couvercle était ouvert et la moitié du baril de lessive était tombé dedans.

— Ce n'est pas une machine à eau, Tom, mais un lave-linge.

— Ça, alors ! Vous pouvez laver du linge dans une machine. Imaginez le nombre d'heures que cela permet de libérer à une maîtresse de maison pour faire des confitures, du savon ou encore pour tirer l'aiguille.

— Nous avons également des appareils qui se chargent de ces tâches-là.

Le visage de Tom s'illumina.

— Vraiment ? (Il balaya la buanderie du regard.) Où cela ?

— Pas ici. Dans des usines.

— Ça, alors ! Vous m'emmènerez les voir.

Sabrina se rembrunit. Rêve toujours ! Tom n'allait pas rester à Westbridge suffisamment longtemps pour s'offrir une visite guidée des usines locales. Dès qu'il aurait accompli sa part du contrat, bye bye !

En attendant, elle devait nettoyer les dégâts.

— Euh, Tom, je crois que Salem a encore en réserve plein de blagues sur les chiens. Allez donc l'écouter dans la cuisine. Quand j'aurai fini d'éponger toute cette eau, je vous montrerai comment préparer du café dans le four à micro-ondes. Je vous laisserai même appuyer sur les boutons.

— Vous ne préférez pas que je vous donne un coup de main ?

Sabrina observa les bulles qui éclataient çà et là.

— Non, merci. Vous en avez assez fait comme ça !

7

La star du campus

Sabrina zappa l'eau en vitesse – le faire, à la façon des mortels, à quatre pattes avec une serpillière, lui aurait demandé des heures – et se rua dans la salle de séjour.

— Pourquoi démontez-vous la télévision ?

— Pour comprendre comment elle fonctionne, expliqua Tom. J'étais à des lieues d'imaginer que mon kinétoscope donnerait naissance à ce genre d'appareil. Les pièces sont minuscules. Et pourtant, l'image est très nette... et en couleurs ! Ça, alors !

Sabrina considéra les innombrables vis, écrous et tubes posés sur la table. Pourvu qu'elle ait le temps de réassembler le tout avant le soap opera de tante Hilda...

Bong, Bong, Bong, Bong...

L'horloge comtoise du vestibule – un vestige de l'époque où Hilda tenait une horlogerie – égrena dix coups. Sapristi ! Sabrina avait cours de littérature anglaise dans une demi-heure !

— Restez ici ! ordonna-t-elle à Tom. Et ne touchez plus à rien ! (Elle alluma la radio.) Écoutez l'émission de Salem. Et, à mon retour, nous nous mettrons au travail.

Sabrina arriva quelques minutes avant la sonnerie. Elle s'assit à côté de Miles et de Roxie. Tout à coup, elle s'aperçut que deux étudiants la dévisageaient. Elle devint rouge écrevisse, redoutant le pire.

Mais non... Les garçons lui sourirent jusqu'aux oreilles et levèrent leurs pouces dans sa direction.

— Merci d'avoir amené Tom à notre soirée, dit Chas. Grâce à lui, nous sommes devenus les rois du campus. Il est top. Il vient quand il veut.

— Euh... il va bientôt retourner chez lui, répliqua Sabrina. Désolée.

Chas eut l'air déçu.

Kit, une grande fille brune, s'avança vers Sabrina et lui sourit à son tour.

— Salut ! Contente de te revoir. Pourrais-tu me rendre un service ? demanda-t-elle en fourrant un bout de papier dans la main de Sabrina. C'est mon numéro de téléphone. Cela t'ennuierait de le donner à Tom ? Il est parti si vite hier soir que je n'ai pas eu le temps de le lui remettre.

Kit tourna les talons et regagna sa place.

Sabrina, éberluée, contempla le papier. Beaucoup de garçons auraient été prêts à tout pour l'avoir.

Curieux, pensa-t-elle.

— Ton copain Tom a été le clou de la fête, hier soir, s'écria Miles. C'est déjà une légende du campus. N'oublie pas de récupérer ma casquette *Star Trek* avant son départ, d'accord ?

Sabrina secoua la tête, incrédule. Avaient-ils tous perdu la boule ? Ils traitaient Tom comme une rock star. Non qu'un inventeur aussi célèbre ne méritât pas un tel honneur.

Mais ces étudiants ignoraient que c'était en fait le fameux Thomas Alva Edison, mort depuis belle lurette – et qui le resterait si Sabrina avait son mot à dire.

Elle se tourna vers Roxie, qui révisait ses notes. Sabrina sourit. Merci, mon Dieu, que Roxie soit Roxie ! Roxie la cynique. Les prouesses de Tom, la veille, avaient dû la laisser de marbre.

— C'est incroyable ! s'exclama Sabrina. Tout ce foin à propos d'un type du New Jersey...

Roxie hocha la tête.

— Plutôt bizarre, en effet, acquiesça-t-elle.

Sabrina était aux anges. Il y avait au moins une personne sensée.

Soudain, Roxie la regarda droit dans les yeux.

— Sabrina, pourrais-tu m'obtenir une interview de Tom ?

— Quoi ? Tu rigoles ?

Mais Roxie était sérieuse comme un pape.

— Tom est devenu la star du campus. L'avoir dans « De vous à moi » ferait littéralement exploser mon taux d'audience.

Et « Salem Matin » n'aurait plus qu'à aller se rhabiller. (Elle dévisagea Sabrina, la mine implorante.) Je dois avoir Tom à l'antenne ! Mon émission bat de l'aile. Mon seul sponsor est un fabricant de boissons diététiques à l'artichaut et aux choux de Bruxelles.

— Beurk !

— Oui, beurk ! Mon petit doigt me dit qu'il ne va pas tarder à fermer boutique. (Roxie adressa un regard suppliant à Sabrina.) Si j'avais Tom dans mon émission, les annonceurs afflueraient en masse. S'il te plaît, Sabrina !

— Tu sais comment est Tom. Inutile de te rappeler toutes les bizarreries qu'il raconte. Je ne peux pas contrôler ses propos. Par ailleurs, il doit retourner chez lui.

— Oh, Sabrina... gémit Roxie.

— Très bien. Il est chez mes tantes. Passe le lui demander toi-même. Mais je te préviens – tu cours à la catastrophe.

Le visage de Roxie s'illumina.

— C'est le risque... tu ne sais jamais à l'avance ce que ton invité va dire. Mais c'est ce qui rend le direct si excitant.

8

« Marie avait un agneau »

Roxie traîna pratiquement Sabrina tout le long du chemin. Quand elles arrivèrent en vue de la grande demeure victorienne, Sabrina était hors d'haleine. Roxie, elle, semblait avoir des ailes.

— Dépêche-toi, Sabrina. Je prends l'antenne dans une demi-heure.

— Rien ne dit que Tom acceptera de t'accorder une interview.

— Tu paries ?

Sabrina soupira. Roxie avait raison. Tom ne louperait certainement pas l'occasion de visiter une station de radio du XXIe siècle.

— Coucou, me voilà, Tom ! cria-t-elle en entrant avec Roxie.

Il n'y eut pas de réponse.

— Tom ! Où êtes-vous ?

Nulle part, apparemment.

— Il est peut-être à l'étage, suggéra Roxie avec espoir. Je monte jeter un coup d'œil.

Oh non ! Il ne manquerait plus que Roxie découvre que son ancienne chambre servait de studio à « Salem Matin ».

— Non ! cria Sabrina, un peu trop fort. Je veux dire, c'est une vraie pagaille, là-haut. J'y vais. Vérifie s'il n'a pas laissé un mot à côté du téléphone.

Sabrina grimpa l'escalier ventre à terre et se rua dans sa chambre. Salem, endormi sur son lit, ouvrit un œil à son entrée.

— De grâce, Sabrina ! Je tombe d'épuisement. Je suis debout depuis 5 heures ce matin. Même les célébrités des ondes radiophoniques ont besoin de repos.

Sabrina réprima un rire. « Les célébrités des ondes radiophoniques » ! Salem ne se mouchait pas du pied.

— Où est-il ?

— Qui ?

— Tu sais qui. Tom. Thomas Alva Edison.

— Oh, ce vieux schnoque...

— Oui, lui.

— Un brave type. Je l'ai croisé dans la cuisine. C'est un de mes fans. (Salem ronronna avec délices.) À l'évidence, un cerveau doublé d'un homme de goût.

— De mauvais goût, marmonna Sabrina. (Puis elle prit conscience des paroles du matou.) Tu lui as parlé ? Comment a-t-il réagi ?

— Il n'a pas paru surpris le moins du monde. Il a conclu qu'au XXIe siècle les chats avaient acquis le langage. Je ne me suis pas donné la peine de le détromper. (Salem regarda Sabrina avec suspicion.) Qu'est-ce qu'il fabrique ici, au fait ? Je croyais que Thomas Alva Edison était mort en 1931.

— En effet. Et j'espère bien qu'il le fera. Je suis retournée en 1886 pour le rencontrer, avoua Sabrina avec réticence. Je voulais qu'il me donne une idée pour mon exposé de science. Mais il avait l'air si triste... Il pensait que ses inventions ne serviraient jamais à rien. Je l'ai donc zappé dans le futur, afin qu'il constate à quel point nous apprécions ses trouvailles.

— Tu as amené Edison dans le temps présent ? Quelle erreur, ma pauvre !

— Merci, je suis au courant. Il ne m'a causé que des ennuis. Voilà pourquoi je dois le retrouver. Afin de le razapper dans son époque. D'où ma question : où est-il ?

— Comment le saurais-je ? Je ne suis pas son gardien.

Sabrina fusilla le matou du regard.

— Salem, tu ferais mieux de cracher le morceau ! Sinon, gare...

Salem déglutit.

— Honnêtement, je l'ignore. Il ne m'a rien dit. Nous avons bavardé à propos de mon nouveau sponsor, Wire World.

— Le magasin d'électronique ?

— Tout juste, Auguste. Ils font une braderie monstre aujourd'hui.

Sabrina sentit toute couleur se retirer de ses joues. Tom lâché en liberté dans un magasin d'électronique ! Il risquait de provoquer une panne d'électricité générale.

Elle dévala l'escalier et se rua vers la porte d'entrée. Roxie lui emboîta le pas.

— Où on va ?

— Tom est chez Wire World !

— Wire World ? (Roxie tira son téléphone portable de son sac.) Attends-moi. Je passe un coup de fil.

— Je n'ai pas le temps. Je dois retrouver Tom au plus vite.

Roxie hocha la tête et composa un numéro.

— OK. Je te rejoins là-bas.

Le magasin grouillait de monde. Comment retrouver Tom dans cette cohue ?

Sabrina courait d'un rayon à l'autre, au désespoir. Et si Tom était déjà reparti et errait seul dans les rues ?

Soudain, quelqu'un entonna une chanson, d'une voix tonitruante et fausse.

— « Marie avait un agneau à la toison blanche comme neige... »

Tom !

Le plus célèbre inventeur de l'histoire braillait à pleins poumons dans le micro d'une machine à karaoké.

— Ah, vous voilà ! s'écria-t-elle avec soulagement.

Tom, un micro sans fil sur la tête, dansait une gigue endiablée.

— Sabrina ! (Il saisit un second micro sur une étagère et le lui tendit.) Vous avez vu ces objets ? Ce sont des microphones. Ils n'ont pas de fil. Ils fonctionnent sur ces piles que vous m'avez montrées. Et, le croirez-vous ? Vous n'avez même pas besoin de les tenir. Vous avez les mains libres pour danser, par exemple. Voulez-vous vous joindre à moi pour un petit duo ? Connaissez-vous « Une bicyclette pour deux » ?

Sabrina fronça les sourcils et arracha d'un coup sec le micro de la tête de Tom.

— Nous partons !

Elle empoigna Tom et le tira vers la sortie...

... où se tenait Roxie, coiffée d'un casque à écouteurs et suivie de trois ingénieurs du son.

— Coucou, Sabrina ! Coucou, Tom !

— Qu'est-ce qui se passe ? demanda Sabrina.

— Nous enregistrons « De vous à moi » chez Wire World. (Roxie brandit un micro sous le nez de Tom.) Aimeriez-vous adresser quelques mots aux étudiants d'Adams Collège ?

— Et comment ! répondit Tom. Vous avez jeté un coup d'œil dans ce magasin ? C'est fabuleux ! Vous pouvez regarder deux émissions de télévision en même temps, et ce sur un seul écran. Et ce fauteuil en cuir, là-bas, est tout bonnement étonnant. Quand vous appuyez sur un bouton, il se met en mouvement. Il vous masse le dos pendant que vous regardez un film ou que vous écoutez la radio. Ou encore, rien ne vous interdit de faire les deux à la fois en vous séchant les cheveux et en bavardant au téléphone. Vous pouvez également courir sur un tapis de jogging tout en...

Sabrina sentait son niveau de stress augmenter à mesure que Tom pérorait sur l'incroyable technologie moderne que proposait Wire World. À l'évidence, ce n'était pas ce à quoi s'attendait Roxie. Tom n'énonçait aucune vérité profonde à même de faire réfléchir ses auditeurs.

— Et voici la chanson que j'ai chantée à l'occasion de mon premier enregistrement sur un phonographe.

Tom entonne une nouvelle interprétation de « Marie avait un agneau ».

Quel cauchemar ! En comparaison, « Salem Matin » paraissait brillantissime. Sabrina soupira. Cette interview risquait de sonner le glas de « De vous à moi ». Et cela par sa faute.

Mais Sabrina se fourrait le doigt dans l'œil.

— Tom est fantastique ! chuchota le directeur de Wire World, tandis que l'inventeur poussait la chansonnette. C'est dix fois mieux qu'un spot publicitaire. Désormais, Wire World sera le sponsor officiel de « De vous à moi ».

À l'évidence, Sabrina ne fut pas la seule à entendre la remarque. Roxie, sur un nuage, affichait un sourire triomphant.

9

Faux départ

Roxie retapa le coussin du canapé derrière la tête de Tom.

— Tom, que diriez-vous d'un autre plateau-télé ? demanda-t-elle d'une voix suave.

— Mon Dieu, Roxie... Je n'en peux plus ! J'ai déjà dû desserrer ma ceinture de trois crans.

— Cette fois, c'est un croissant fourré à la viande, garni de petits pois et de carottes et accompagné de cette tarte aux pommes que vous avez tant aimée tout à l'heure.

— De la tarte aux pommes ? (Tom se lécha les babines.) Eh bien, va pour un autre plateau-télé !

Sabrina entra en trombe au moment où Roxie glissait une barquette dans le four.

— Vous êtes là ! s'exclama-t-elle. Je vous ai cherchés tout l'après-midi. où étiez-vous passés ?

— Roxie m'a emmené à la station de radio, puis à la pizzeria, répondit Tom. Après, nous sommes allés dans une épicerie gigantesque... un... euh... comment l'avez-vous appelée, Roxie ?

— Un supermarché.

— C'est ça, un supermarché. Nous y avons acheté ces délicieux repas surgelés. vous imaginez ? Un dîner cuisiné exprès pour qu'on le mange en regardant des images qui se déplacent !

— J'imagine, oui, grogna Sabrina. (Elle lança à Roxie un regard accusateur.) Tu l'as fait sortir en douce de Wire World pendant que j'avais le dos tourné.

Roxie haussa les épaules.

— À la radio et à la guerre, tous les coups sont permis.

— En amour et à la guerre, rectifia Sabrina. Et, pour l'instant, nous ne sommes ni dans l'un ni dans l'autre cas de figure.

— Tu n'ignores pas que la bataille fait rage entre « Salem Matin » et « De vous à moi » pour le taux d'audience. Tom est mon passeport pour la gloire. Si nous n'avions pas filé à l'anglaise, tu l'aurais mis dans le premier bus en partance pour le New Jersey.

— Quelque chose dans ce goût-là, en effet. Cela étant, il rentre chez lui séance tenante.

— Tu ne peux pas faire ça ! J'ai prévu une série d'interviews avec lui.

Avant que Sabrina ait l'occasion de tuer dans l'œuf les projets de Roxie, elle remarqua un téléviseur grand écran au milieu de la salle de séjour.

— D'où sort cet appareil ? demanda-t-elle.

— Quelle importance ? répliqua Morgan en surgissant de sa chambre. Ce qui importe, c'est que tu sois de retour, ajouta-t-elle avec un sourire faux.

— Je t'ai manqué ?

Morgan se rembrunit.

— Trêve de badinage ! Puis-je te parler une minute ?

— Ce n'est pas le moment, Morgan.

— Je dois absolument te parler ! s'écria Morgan d'une façon théâtrale. (Elle poussa Sabrina dans sa chambre et ferma la porte.) Débarrasse-nous de Tom ! exigea-t-elle.

— Qu'est-ce qu'il t'a fait ?

— Non content de me voler la vedette à la fête d'hier, il s'est servi de mon miroir lumineux à maquillage.

— Comment le sais-tu ?

Morgan roula les yeux.

— Il a déréglé l'éclairage. Cela va me prendre des heures pour replacer les lampes. Et je crois que Roxie l'a laissé utiliser mon gel et mon sèche-cheveux en mon absence. Si je découvre qu'il a tripoté ma nouvelle brosse ronde... (Morgan frissonna.) Fais quelque chose, Sabrina ! Cela ne peut plus durer.

À cet instant, la sonnette de l'entrée retentit.

— J'y vais ! cria Roxie. Tom, ne bougez pas !

Elle ouvrit la porte sur un livreur portant un énorme carton.

— Un colis pour Tommy E, dit l'homme. De la part de Wire World.

— Tommy E ? demanda Sabrina.

— Mon nom de radio, répondit Tom. Accrocheur, hein ?

— Apparemment, c'est un cadeau plus petit que le téléviseur, Tom, annonça Roxie.

— Un cadeau ? répéta Sabrina, perplexe.

— Que c'est gentil ! s'exclama Tom. Ils m'ont envoyé cette télévision grand écran voilà à peine une heure.

— Vous l'avez bien mérité, affirma Miles. J'ai vu aux informations que le magasin a pulvérisé tous ses records de vente après votre interview.

— Parfaitement, renchérit Roxie en traînant le carton dans la pièce. Ouvrez-le, Tom.

Tom déchira le couvercle et sortit une guitare d'un rouge étincelant. Il pinça aussitôt les cordes d'acier, produisant un son ténu.

— Je n'ai pas entendu. C'était bien ?

Roxie sourit et tira un minuscule amplificateur de la boîte.

— Vous n'avez pas entendu parce qu'elle n'est pas branchée. C'est une guitare électrique.

Elle relia le micro à l'ampli et poussa le volume.

Tom effleura les cordes. Cette fois, il y eut un effet Larsen à fracasser les tympans.

— Super, assura Roxie. Exercez-vous encore un peu. Vous êtes un guitariste-né.

Sabrina la fusilla du regard.

— Joue mon jeu, Sabrina, siffla Roxie.

— « Marie avait un agneau », entonna Tom.

Au milieu du concert impromptu, le téléphone sonna. Sabrina se précipita pour décrocher. Elle se couvrit une oreille.

— Allô ? Allô ?

— C'est quoi, ce cirque ?

— Qui est à l'appareil ?

— M. Smitherson, votre voisin. J'essaie d'écouter une symphonie sur ma stéréo, mais tout ce que j'entends, c'est une cacophonie venant de chez vous. Si vous ne cessez pas ce raffut immédiatement, j'appelle le doyen.

— Oh non, s'il vous plaît ! Je m'en occupe tout de suite.

— Vous avez intérêt. Sinon, je vous fais expulser.

Sabrina fronça les sourcils et raccrocha. Aucun exposé ne valait la peine qu'elle passe une minute de plus avec Tommy E. Elle bondit et débrancha la guitare. Un agréable silence succéda au vacarme.

— Pourquoi as-tu fait ça ? protesta Roxie. Il commençait juste à trouver son rythme.

— Précisément ! hurla Sabrina. Allez ouste, Tom !

L'empoignant par le bras, elle le poussa dehors et claqua la porte derrière eux.

— Où m'emmenez-vous ?

— Dans le placard à linge de mes tantes.

— Dans un placard à linge ? Et c'est moi que l'on traite d'excentrique !

— Ce n'est pas vraiment un placard à linge. En fait, c'est une porte d'accès à l'Autre... Oh, peu importe ! En un mot comme en cent, vous rentrez chez vous. Et illico presto !

— Mais je ne veux pas ! La vie est beaucoup plus amusante ici. Je n'aurais pas imaginé une seconde que l'électronique puisse exister.

— Eh bien, à présent, c'est chose faite. Rien ne vous empêche de retourner chez vous heureux, maintenant que vous avez vu les prodiges nés de vos inventions.

Tom secoua la tête.

— Je n'ai pas envie de me retrouver à Menlo Park. Roxie m'a promis des interventions régulières dans « De vous à moi ». Et j'aimerais maîtriser cette guitare électrique.

Sabrina, cependant, se montra inflexible. Elle désirait plus que tout que la vie redevienne normale. Comme à l'époque où Morgan était le centre de l'univers et où Salem dormait dix-huit heures par jour.

Elle dut quasiment pousser Tom de force chez ses tantes – et il ne pesait pas des plumes, compte tenu des innombrables plateaux-télé que Roxie lui avait fait avaler. Mais Sabrina se sentait investie d'une mission.

— Au revoir, Tom, dit-elle en l'enfermant dans le placard à linge. Même les meilleurs moments ont une fin.

Elle s'attarda quelques instants, guettant l'explosion et l'éclair qui accompagnaient un départ vers l'Autre Royaume. Mais il n'y eut pas la plus petite lueur ni le moindre *boum !*

Lentement, elle entrebâilla la porte. Tom se tenait immobile parmi les piles de torchons, de draps et de serviettes.

— Sabrina, vous allez bien ? Vous êtes livide.

Sabrina lui prit le bras.

— OK, je devine qu'il va falloir employer la manière forte.

Elle leva l'index et se mit à chantonner :

Pour Thomas E, il est largement l'heure
De rejoindre son époque.
Tout le reste, je m'en moque
À Menlo Park, renvoyez l'inventeur.

Ce n'était pas du Shakespeare, mais du moins les vers rimaient-ils. Sabrina agita l'index en direction de Tom.

Rien ne se produisit.

Sabrina était au bord des larmes. Il y avait

un problème, et de taille. Mais ce n'était pas là le pire.

— Sabrina, pourriez-vous me donner une cuvette ? demanda Tom, le teint verdâtre, en se tenant l'estomac. Je crois que j'ai trop mangé de ces plateaux-télé.

10

Une alliance de circonstance

— Sabrina ! Quelle bonne surprise ! s'exclama Zelda en entrant dans la salle de séjour. J'espérais ta visite. Je souhaitais te parler de notre invité.

La jeune sorcière, pelotonnée sur le canapé, semblait complètement démoralisée. Tom se remettait à l'étage de son indigestion de surgelés.

— Je suis passée ce matin afin de t'expliquer, tante Zelda, mais tu étais partie. Oh, il s'est produit la pire des catastrophes !

— Allons, allons, ma chérie ! Ne dramatisons pas. J'ai assisté, pendant la Révolution française, à des scènes sanglantes qui...

Sabrina soupira. Elle n'était pas d'humeur

à remonter le cours de l'histoire. Sa tante étant âgée de plusieurs siècles, la balade risquait d'être longuette.

— OK, peut-être pas la pire, admit-elle. Mais assez épouvantable, tout de même.

— Voilà qui est mieux ! Alors, qu'est-ce qui ne va pas ?

Mais avant que Sabrina pût répondre, la voix de Tom retentit dans l'escalier :

— Zelda ! Vous êtes rentrée ! Nous allons pouvoir bavarder comme vous me l'aviez promis. (Tom se tourna vers Sabrina.) Cela fait des années que je n'ai pas eu le plaisir de discuter avec votre tante.

— Une centaine, déclara Zelda. Eh bien, comment trouvez-vous notre petite ville ?

— Étonnante ! Et mes travaux ont donné naissance à une foule d'objets fantastiques.

— En effet, répliqua gaiement Zelda. Sabrina, je peux te voir à la cuisine, s'il te plaît ? ajouta-t-elle entre ses dents serrées.

Sabrina hocha la tête et lui emboîta le pas.

— Pourquoi ai-je trouvé ce matin à mon réveil Thomas Alva Edison endormi sur mon canapé ? Et pourquoi est-il encore là ?

l'interrogea Zelda. Je t'ai envoyée lui rendre visite, pas l'inverse.

— C'est ce que je tentais de te dire, tante Zelda. J'ai ramené Tom avec moi.

— J'ai vu, merci. Mais pourquoi ?

Sabrina fronça les sourcils.

— Il était si triste. Il croyait que ses inventions allaient tomber dans l'oubli. J'ai voulu lui montrer à quel point les gens lui étaient reconnaissants de ses découvertes. Lui remonter le moral, en quelque sorte.

Zelda roula les yeux.

— C'est réussi, semble-t-il.

— Il adore le XXIe siècle. Voilà le nœud du problème. Il refuse de retourner à son époque. J'ai voulu le téléporter chez lui à Menlo Park... Échec total.

— Normal. Tu ne peux le renvoyer chez lui contre son gré.

— Quoi ? Mais je suis une sorcière !

— Consulte ton livre de magie, Sabrina. (Zelda agita la main et le gros ouvrage relié de cuir se matérialisa aussitôt. Elle agita de nouveau la main et le livre s'ouvrit de lui-même à la bonne page.) Une clause peu connue dit qu'un mortel zappé dans le futur ne peut regagner le passé s'il ne le souhaite pas.

Sabrina balaya le texte des yeux et repéra dans la marge, en caractères minuscules, le passage auquel sa tante faisait allusion.

— Quand vais-je apprendre à lire ces pattes de mouches ! marmonna-t-elle. Bon sang ! Il doit bien y avoir une solution...

— Aucune, sauf si tu arrives à persuader Tom de rentrer à Menlo Park de son plein gré. (Zelda jeta un coup d'œil dans la salle de séjour. Tom, aux anges, ne cessait d'allumer et d'éteindre les lumières, levant et abaissant la jambe en mesure.) À mon avis, ce n'est pas demain la veille.

— Il doit y avoir une solution, répéta Sabrina. Il suffit que je la trouve.

— Pendant que tu cogites, je vais aller lui tenir compagnie et discuter boutique. C'est un homme très intelligent. (Zelda jeta un autre coup d'œil dans la salle de séjour. Tom, allongé sur le dos, contemplait le lustre.) Enfin, du moins l'était-il, corrigea-t-elle à la hâte.

Sabrina feuilleta l'index de son livre de magie dans l'espoir de dénicher un charme adapté. Elle fit chou blanc.

Cependant, elle refusait de baisser les bras. À tout problème, sa solution. Peut-être l'ouvrage datait-il. Peut-être existait-il un nouveau charme.

Sabrina agita vivement l'index et zappa son ordinateur portable.

— Tiens, tiens... qui vois-je ? siffla Salem en entrant dans la cuisine. Bonsoir, Mata Hari !

— S'il te plaît, Salem ! Je ne suis pas d'humeur à t'écouter, protesta Sabrina en insérant un CD-Rom. Et qui appelles-tu Mata Hari ?

— Toi, traîtresse. Je croyais que nous étions liés par le sang.

Sabrina examina le matou avec curiosité.

— Un, nous ne sommes pas de la même famille. Deux, de quoi parles-tu ?

— Explique-moi pourquoi tu as accordé la première interview de Tom à Roxie alors que tu as le plus top des présentateurs radio sous ton propre toit ?

— Sans blague ? Où est-il ?

— Très drôle. Tu m'as parfaitement compris.

Sabrina secoua la tête.

— Tu te trompes, Salem. Roxie m'a suivie chez Wire World quand je suis partie à la recherche de Tom.

— Oh, super ! grommela le matou. Quelle injustice ! Wire World interdit l'entrée du magasin aux animaux domestiques. Je n'aurais jamais pu y mettre la patte.

Sabrina soupira.

— Salem, je n'ai pas une minute à te consacrer. J'essaie de trouver un charme pour rapatrier Tom dans ses foyers. (Elle déplaça fébrilement la souris et appuya sur quelques touches.) Enfer et damnation ! Mon ordinateur a rendu l'âme !

— CQFD ! jubila le matou. Aucun ordinateur n'a assez de mémoire pour envoyer quelqu'un au XXIe siècle !

— Il n'y a pas de quoi rire, Salem, le réprimanda Sabrina. Roxie a signé un contrat avec Tom pour une série d'interviews. Son taux d'audience va grimper en flèche... bien plus qu'il ne grimperait avec des blagues sur les chiens.

Le chat demeura inhabituellement coi avant de déclarer enfin :

— Dans ce cas, toi et moi n'avons pas d'autre choix que de coopérer.

11

Un choc salutaire

Sabrina, attablée avec Zelda dans le café de Hilda, buvait un espresso en grignotant des muffins au yogourt.

— Sabrina, je ne voudrais pas te mettre la pression, mais ne pourrais-tu pas renvoyer Tom chez lui au plus vite ? Cela fera une semaine demain qu'il est là.

Hilda se laissa tomber sur la banquette à côté de sa sœur.

— Eh bien, moi, Sabrina, je veux te mettre la pression. J'exige que cet homme débarrasse le plancher. Il s'est approprié la télévision, la stéréo, jusqu'à ma couverture électrique. Mes pauvres petits petons étaient glacés, la nuit passée. Et si j'entends une fois de plus le dernier CD de Britney Spears, je me mets à hurler. Tom le passe si fort... Sans compter qu'il chante en même temps.

— Je n'ose imaginer notre prochaine facture d'électricité, ajouta Zelda. Tom dort avec les lumières allumées – histoire d'admirer son œuvre dans son sommeil, je suppose.

— Je m'emploie à lui faire quitter les lieux, assura Sabrina. Salem et moi avons élaboré un plan.

Hilda roula les yeux.

— Oh, formidable. Toi et « Salem Matin » œuvrant main dans la patte... C'est une association vouée au désastre. Au fait, pourquoi Salem te prête-t-il son concours ?

— Les interviews accordées par Tom à « De vous à moi » vont faire chuter l'audience de Salem. Il craint d'être viré.

Zelda sourit.

— Il ne l'aurait pas volé. « Salem Matin » est une calamité. Encore heureux que personne ne connaisse son identité. J'aurais honte de montrer le bout de mon nez au campus si on découvrait que ce dingue vit sous mon toit.

— Le pire, ce serait d'apprendre que tu as un chat qui parle, à mon avis, marmonna Hilda.

— Exact. Il n'empêche que Salem est allé trop loin avec son émission. La radio n'a pas été inventée pour qu'il ridiculise de malheureux maîtres de chiens sans méfiance.

Hilda s'efforça de réprimer un fou rire.

— Allons, Zellie. Admets qu'il est parfois drôle. Rappelle-toi le jour où il a annoncé à cette femme que les chiens étaient des extraterrestres venus coloniser la Terre. Elle a vraiment cru que des gars de la NASA allaient débarquer chez elle et rapatrier son cocker direct sur Jupiter.

Sabrina gloussa.

— En général, je déteste les blagues au téléphone, mais celle-là était cocasse, en effet.

— Je maintiens que c'était mesquin, riposta Zelda. Pas seulement envers les chiens, mais également pour les habitants de Jupiter. Comment pourrai-je regarder ces gens-là en face, désormais ? Salem manque vraiment de bon sens !

— Mais on l'aime tel qu'il est, dit Sabrina. Son émission est assez nulle, mais ce n'est pas la pire. Avez-vous écouté « De vous à moi » récemment ? Roxie gaspille une heure d'antenne à faire chanter des publicités à Tom.

— Chanter faux, qui plus est, renchérit Hilda, qui était une violoniste hors pair.

— Nous avons au moins réussi à l'envoyer prendre une douche, se félicita Sabrina. Ce n'était pas du luxe.

— Je dois reconnaître, Zelda, que la douche musicale a été une trouvaille de génie de ta part, déclara Hilda.

— N'est-ce pas ? Bon, Sabrina, parlons peu, parlons bien. Quand prévois-tu que ton plan produira ses effets ?

— Bientôt, tante Zelda. Promis.

— Passons à un sujet plus agréable. Est-ce que ton exposé de science avance ?

— Qu'est-ce qui te fait croire que c'est un sujet plus agréable ? se récria Sabrina. À cause de ton ami Tom, je n'ai pas eu une minute pour m'y mettre.

Hilda sourit.

— Raison de plus pour que cet homme décampe fissa.

Ce soir-là, Sabrina et Salem pénétrèrent ensemble dans la salle de séjour. Tom, à son habitude, affalé sur le canapé, regardait un DVD tout en écoutant un disque compact.

Toutes les lumières étaient allumées. Le miroir grossissant de Hilda était posé sur la table devant lui.

— Vas-y, Arnold ! brailla-t-il. Tue-les !

Sabrina fit la grimace. Le Magicien de Menlo Park encourageait Arnold Schwarzenegger, alias le Terminator, comme si l'acteur pouvait réellement l'entendre.

— Sabrina, déclara Tom en s'observant dans le miroir, je suis couvert de boutons.

— Les quatre pizzas que vous avez mangées hier, peut-être, suggéra Salem.

— En fait, je teste le livreur. Dans la publicité, ils disent que si la pizza n'est pas chez vous dans la demi-heure qui suit la commande, on vous l'offre.

— Vous en avez eu combien de gratuites, jusqu'à présent ? s'enquit Sabrina.

— Aucune. Mais je ne désespère pas. J'ai ouvert un compte.

— Au nom de Thomas Edison ?

— Non. Au vôtre. Je ne pensais pas que cela vous contrarierait.

— À combien s'élève le total ?

— Je ne sais pas trop. Dans les cinquante, soixante dollars. Mais les sodas sont gratis.

— Oh, super !

— Il reste deux tranches de pizza aux anchois dans le réfrigérateur, si ça vous tente.

Salem se lécha les babines et mit le cap sur la cuisine.

— Aux anchois ? Miam.

Sabrina le retint par la queue.

— Ce n'est pas le moment, Salem ! Nous avons une mission.

Elle se plaça devant le téléviseur.

— Hé, poussez-vous ! protesta Tom. Je ne vois plus rien. C'est une scène fameuse. Le Terminator s'apprête à pulvériser ce type.

Sabrina regarda l'écran.

— Comment le savez-vous ?

— J'ai vu le film hier. Je me paie une séance-marathon d'Arnold.

Sabrina éteignit l'appareil, puis la stéréo. Après avoir replié le miroir, elle s'assit sur le canapé près de Tom.

— Tom, vous êtes devenu dépendant à l'électronique... et ce n'est pas joli à voir. Salem et moi sommes là à titre amical pour vous aider.

— Je ne suis pas dépendant ! s'insurgea Tom. (Il tendit la main vers la télécommande.) Je vous le jure ! Je regarde encore un film et nous parlerons.

Sabrina soupira et mit l'objet hors de la portée de Tom.

— C'est pour votre bien, Tom. Nous devons vous sevrer. Il faut que vous retourniez dans votre époque et terminiez votre œuvre.

— Pas maintenant. Je suis presque parvenu au quatrième – et dernier – niveau du nouveau jeu vidéo de Miles. Et Morgan m'a appris à me sécher les cheveux. Vous voyez ?

Il tourna la tête pour faire admirer son brushing. Sabrina ne décela pas de différence notable – surtout parce que Tom était à moitié chauve.

— Ne soyez pas stupide ! Vous n'êtes pas à votre place, ici ! s'exclama Sabrina, s'efforçant de dissimuler son désarroi.

Tom, la gorge sèche, tenta de négocier.

— OK, je vais lever le pied. Regarder seulement une émission par jour. Écouter trois ou quatre CD. Et un ou deux livres enregistrés sur cassette – c'est éducatif.

Sabrina soupira.

— J'aimerais que vous regardiez cette vidéo, Tom.

Tom respira, soulagé.

— À la bonne heure !

Sabrina mit une bande dans le magnétoscope.

— Regardez et taisez-vous, ordonna-t-elle.

Tom apparut sur l'écran, vautré sur le canapé du séjour, enfournant distraitement du pop corn et fixant le téléviseur d'un œil vide. Il n'était pas rasé et on devinait des bourrelets à sa taille. Ce n'était pas une vision enchanteresse.

— Hé là ! C'est moi ! s'écria-t-il, excité. Oh... c'est atroce, grommela-t-il.

— Je ne vous le fais pas dire, jubila Sabrina.

— La télévision ajoute au moins cinq kilos.

Sabrina se renfrogna. Ce n'était pas là le message qu'elle souhaitait faire passer.

— Comment m'avez-vous filmé ? reprit Tom d'un ton accusateur. Je ne vous ai jamais vue avec une caméra.

Sabrina désigna une minuscule caméra sur l'un des murs.

— C'est une caméra espion. Salem et moi en avons truffé la maison.

— N'est-ce pas une intrusion dans la vie privée ?

— À situation désespérée, mesures désespérées.

— Mais ce n'est pas tout, intervint Salem.

Tom riva les yeux sur l'écran. Il se vit jouer au jeu vidéo de Miles... et taper comme un sauvage sur l'ordinateur après avoir perdu.

— Ce n'était pas ma faute ! se récria-t-il. Au bout de cinq heures, j'étais sûr d'avoir tué ce mutant. Il devait y avoir un bug. Et puis, j'ai demandé à Wire World d'envoyer un ordinateur neuf à Miles.

— Revenons à nos moutons, ordonna Sabrina. Regardez bien, Tom. C'est la séquence que je préfère.

Tom, sur l'écran, fonça droit dans la cuisine et ouvrit la porte du réfrigérateur. Puis il la ferma. Et la rouvrit. Et la referma. Et ainsi de suite.

— Que cherchiez-vous à faire ? demanda Salem.

— J'essayais de voir si la petite lampe reste allumée en permanence. (Tom se tourna vers Sabrina.) En fait, elle s'éteint quand on ferme la porte. Vous le saviez ?

— Voilà précisément où je voulais en venir ! répliqua Sabrina. Vous étiez un génie – l'inventeur de la lampe à incandescence, du quadruplex, du kinétoscope... En un mot, le Magicien de Menlo Park. Maintenant, vous n'êtes qu'un mollasson qui passe son temps à s'abrutir devant la télévision ou à ouvrir et à refermer la porte d'un réfrigérateur. Reprenez-vous !

Tom grimaça.

— Vous avez raison, hélas. Mon esprit s'est transformé en gélatine. Je suis incapable de penser. Je n'ai pas eu la moindre idée originale depuis que j'ai découvert tous ces objets électroniques.

— Ne soyez pas si dur envers vous-même ! le réconforta Sabrina. Voyez cet intermède comme des vacances.

— Ce n'était pas du tout ce que j'avais en tête en mettant au point mes découvertes, poursuivit Tom, amer. Je pensais que les images en mouvement auraient une fonction éducative parallèlement aux méthodes d'enseignement classiques. Et quand j'ai ajouté un transmetteur de carbone à mon téléphone, c'était dans l'espoir de faciliter la communication entre les gens. Avant moi, ils devaient hurler pour s'entendre. (Tom se tourna vers Salem.) Ne vous vexez pas, mais je n'avais pas envisagé une seconde qu'on s'en servirait pour faire des blagues.

— Mais elles étaient hyperdrôles ! se défendit le matou.

— Faux, Salem ! répliqua Sabrina. (Elle tapota l'épaule de Tom.) Pardonnez-nous notre cruauté, Tom, mais nous devions vous administrer un traitement de choc. Il fallait que vous preniez conscience de ce qu'était devenue votre vie.

Tom opina.

— Je vous en suis reconnaissant, répondit-il avec lassitude. J'ai appris aujourd'hui une précieuse leçon. Il est temps que je rentre chez moi, en effet.

— Le placard à linge vous attend, annonça Sabrina.

— Allons-y, murmura Tom en montant les marches à pas lourds. Le plus tôt sera le mieux. Une rude besogne m'attend.

12

Un aveu difficile

Le samedi matin, assise à la table de la cuisine, Sabrina repoussait ses céréales sur le côté du bol. Elle tremblait de nervosité. Roxie dormait encore, mais tôt ou tard elle finirait par se lever. Et alors, Sabrina devrait larguer sa bombe – le star guest de Roxie était rentré au bercail. Bonjour l'horreur !

Cerise sur le gâteau, Sabrina n'avait plus que le week-end pour travailler à son exposé. Tom ne lui avait été d'aucune aide. Elle se trouvait exactement dans le même pétrin qu'avant son arrivée dans le IIIe millénaire. En d'autres termes, elle avait vécu cette galère pour des prunes. Chouette matinée, en vérité !

Miles sortit de sa chambre au radar et alluma la radio. Aussitôt, la voix narquoise de Salem emplit la pièce.

— Ouvrez bien vos oreilles, les amis ! J'ai deux places pour le concert des Puces savantes à Boston ce week-end. C'est le spectacle de rock le plus chaud de la région depuis des lustres. Alors, ça ne va pas être fastoche de gagner ces billets. Il va falloir transpirer, les amis ! Oh... vous ai-je dit que c'étaient de très bonnes places ? Nous allons ouvrir les lignes téléphoniques. Le premier d'entre vous qui restera debout au milieu du campus couvert de beurre de cacahuètes et de graines pour oiseaux sera l'heureux vainqueur. Cool, Raoul ! C'est parti, les amis !

— Non, mais, tu entends ça ? grommela Sabrina. Personne ne va appeler. Tu paries ?

— Nous avons un gagnant ! annonça Salem à l'antenne.

— Dommage que je n'aie pas parié ! regretta Miles. Il y a toujours des gens prêts à faire n'importe quoi !

— En particulier les auditeurs de « Salem Matin », s'écria Roxie en se traînant hors de sa chambre. Sauf qu'ils partent avec un avantage – pour écouter cette émission débile, il faut déjà en tenir une sacrée couche.

Elle se versa un grand bol de café et s'affala sur une chaise.

Sabrina déglutit. Roxie était de mauvais poil.

— Roxie, il faut que je te parle.

— On peut faire vite ? Je n'ai qu'une demi-seconde pour avaler ce bol. Je dois préparer des questions pour mon interview de Tom cet après-midi.

— Roxie... À propos de Tom...

Roxie sourit.

— Il est super, hein ? J'avais tort de t'empêcher de l'amener à la fête. Sabrina, bien qu'il m'en coûte de l'admettre, tu avais raison, j'avais tort. Voilà.

— Non. C'est toi qui avais raison, Roxie. La visite de Tom a été une erreur monumentale.

Roxie dévisagea sa colocataire.

— « A été » ?

— Eh bien... Tom est... euh... Tom a en quelque sorte regagné ses pénates hier soir.

Roxie, sous le choc, ne souffla d'abord mot. Puis elle partit d'un rire hystérique.

— Roxie ? Ça va ?

Roxie hocha la tête et rit de plus belle.

Sabrina regarda Miles avec nervosité.

— Elle a pété un plomb. Tu crois qu'on devrait appeler un médecin ?

— Inutile, hoqueta Roxie entre deux éclats de rire. Elle est bien bonne, Sabrina ! J'ai marché dans ton histoire !

— Roxie, je ne plaisante pas.

Roxie se calma net et étudia le visage de Sabrina. Soudain, ses yeux flamboyèrent.

— Tu es sérieuse ?

— On ne peut plus sérieuse, Roxie. Tom est parti vers 20 heures.

Roxie se leva, raide comme un piquet.

— Mon passeport pour la gloire s'est envolé sans même un au revoir ?

— Je suis sûre qu'il aurait voulu te faire ses adieux, Roxie, mais le temps lui a manqué.

— Le temps lui a manqué ? s'exclama Roxie d'une voix à présent tonitruante. Tu imagines l'Audimat s'il était resté un jour de plus ? La dernière interview de

Tommy E ! « De vous à moi » serait entré dans la légende !

— Quelle est la différence entre un chien intelligent et un OVNI ? demanda alors Salem à ses fidèles auditeurs. Réponse : je l'ignore. Je n'ai jamais rencontré ni l'un ni l'autre.

Miles éclata de rire. Puis, devant l'expression venimeuse de Roxie, il se contint.

— Et vous connaissez celle-là, les amis ? Comment faire rire un chien le vendredi ? Racontez-lui une blague le mardi.

C'en fut trop pour Roxie. Elle bondit de sa chaise et débrancha la radio.

— Je ne veux plus jamais entendre sa voix de ringard dans cette maison !

— Bravo, Roxie, approuva Sabrina. Au diable ces inepties ! Il nous faut de l'information pure et dure. Des commentaires sur l'actualité politique. Et peut-être un zeste de heavy metal. Comme dans ton émission.

— Ou plutôt, comme dans ton émission avant l'arrivée de Tom, marmonna Miles dans sa barbe.

Roxie se dressa aussitôt sur ses ergots.

— Répète-moi ça, Miles.

— Je n'ai rien dit...

— Si. Tu prétends que « De vous à moi » n'était plus aussi bon avec Tom ?

Miles piqua un fard.

— Euh... non. Il était rigolo, au fond.

Miles se couvrit la tête de ses bras pour se protéger.

Roxie soupira et s'effondra sur le canapé.

— Non, il n'était pas rigolo. C'était un crétin. Aussi nul que ce Salem. Et encore... lui, il arrive à être drôle par-ci, par-là. Bon sang ! Comment ai-je pu passer trois jours à écouter Tom chanter des publicités ? Sans parler de toutes les fois où j'ai dû me farcir « Marie avait un agneau ».

— C'est la chanson qu'il avait enregistrée sur son premier phonographe, intervint Sabrina. C'est sa marque de fabrique, en quelque sorte.

Miles et Roxie la dévisagèrent.

Sabrina sentit une boule lui obstruer la gorge.

— Je plaisantais ! s'exclama-t-elle en se laissant tomber près de Roxie. Je suis contente que tu ne sois pas fâchée.

— Ai-je dit que je n'étais pas fâchée contre toi ?

— Pas explicitement, non. Mais tu as admis que Tom n'était pas un super invité.

— C'était un invité minable. D'une banalité affligeante.

— Alors, pourquoi es-tu fâchée ?

— Parce que tu savais depuis le début que j'allais me couvrir de ridicule et que tu n'as pas levé le petit doigt pour m'arrêter. Sabrina, tu m'as déçue. Je te croyais mon amie.

— Je suis ton amie, Roxie. Mais tu tenais tant à damer le pion à Salem que... (Le téléphone sonna.) J'y vais !

— Tu ne t'en tireras pas si facilement ! la menaça Roxie.

— Allô ? Allô ? Parlez plus fort. Je ne vous entends pas. Je dis que je ne vous entends pas ! cria Sabrina dans le combiné. (Elle attendit quelques instants, puis raccrocha.) Quelle mauvaise liaison ! Je n'ai rien compris.

— Moi, en tout cas, je te disais, reprit Roxie, que j'attendais de toi, qui te prétends mon amie, que...

Morgan surgit de sa chambre, interrompant net les récriminations de Roxie.

— Mon sèche-cheveux m'a laissée en rade au milieu de mon brushing ! annonça-t-elle, furieuse.

— Je vais immédiatement convoquer la presse, marmonna Roxie. Sabrina, tu as ton premier scoop.

— Très drôle. Lequel d'entre vous a fait sauter le fusible ?

— Aucun de nous trois, répondit Sabrina. Nous bavardons.

— La radio est même débranchée, ajouta Miles.

— Bizarre, grommela Morgan. Je viens de l'acheter. Il a un diffuseur et tout. Je pique la crise du siècle s'il est cassé.

— Branche-le ailleurs, suggéra Sabrina.

Morgan haussa les épaules.

— OK. Je vais essayer la prise de votre chambre.

Sabrina se leva et prit son calepin.

— Je file à la bibliothèque.

— Minute, papillon ! se récria Roxie. Tu n'iras nulle part tant que tu ne m'auras pas aidée à concocter un programme musical pour mon émission d'aujourd'hui.

— Pourquoi moi ?

— Parce que c'est toi qui m'as présenté Tom. Sabrina jeta un regard implorant à Miles.

— Allez, Miles, sois sympa ! Tu es si imaginatif...

Miles secoua le tête.

— Loupé, Sabrina. Je dois terminer ma dissertation d'histoire.

Et il planta là les deux filles.

— Des idées, Sabrina ? insista Roxie.

— C'est curieux ! s'écria Miles de sa chambre.

— Qu'est-ce qui se passe ? s'empressa de demander Sabrina, heureuse de la diversion.

— Le clavier de mon ordinateur est tout poisseux. Et la lumière du moniteur ne cesse de clignoter.

Morgan se rua de nouveau dans le séjour.

— Ce n'est pas la prise ! braillla-t-elle. (Elle se regarda dans la glace du micro-ondes.) Je ne peux pas sortir comme ça !

— Attache tes cheveux en queue-de-cheval, lui conseilla Sabrina.

— Hé ho, pour qui me prends-tu ? Pour toi ?

Miles les rejoignit, la mine sombre.

— J'aimerais bien avoir tes problèmes, Morgan. Moi, j'ai une dissertation à rendre lundi et mon ordinateur s'est planté.

Roxie se leva du canapé.

— Ça m'ennuie d'interrompre ce festival de grogne et de rogne, mais j'ai un vrai souci, moi. Je n'ai pas de programme musical pour cet après-midi. Comment j'explique ça au directeur de la station ?

Tout à coup, les lumières vacillèrent.

— Qu'est-ce qui se passe, à la fin ? s'énerva Morgan.

— Je téléphone à la compagnie d'électricité. (Sabrina souleva le combiné et fronça les sourcils.) Pas de tonalité.

Morgan frissonna.

— J'en ai la chair de poule !

— Et si on appelait ton ami Tom à la rescousse, Sabrina ? railla Roxie. C'était un mordu de l'électronique.

Sabrina ne répondit mot. Son instinct lui

soufflait que Roxie avait mis pile le doigt sur quelque chose. Le récent retour de l'inventeur dans le passé et les pannes de courant devaient être plus ou moins liés. Ce ne pouvait être une coïncidence.

Elle se rua vers la porte.

— À plus ! s'écria-t-elle.

— Où vas-tu ? brailla Morgan.

— Chercher de l'aide.

— Où ça ?

— Chez mes tantes.

— Quoi ? Elles sont électriciennes, à présent ? marmonna Morgan en examinant son reflet dans la glace du four.

13

Panique à Westbridge

Le trajet jusqu'à la demeure de ses tantes se révéla une entreprise périlleuse. Aucun feu de signalisation ne fonctionnait plus. Les voitures surgissaient de toutes les directions à la fois.

Puis elles s'arrêtèrent net au beau milieu de la chaussée.

En temps normal, pareil embouteillage aurait donné lieu à un concert de klaxons. Mais les klaxons étaient muets, eux aussi. Un silence inquiétant planait sur la ville.

— Tante Zelda ! Tante Hilda ! cria Sabrina avant même d'avoir franchi le seuil de la demeure.

Zelda, affolée, dévala l'escalier.

— Que se passe-t-il ?

Hilda surgit à son tour, en chemise de nuit et les yeux ensommeillés.

— Mmmm, grommela-t-elle. Quelle heure est-il ?

Zelda regarda sa montre.

— 8 h 45.

Les yeux de Hilda s'ouvrirent d'un coup.

— Impossible ! J'étais censée être au café voilà une heure ! Pourquoi mon réveil n'a-t-il pas sonné ?

Sabrina vérifia à sa montre. Elle était arrêtée. Ainsi que toutes les pendules de la maison.

— Comment se fait-il que ta montre marche, tante Zelda ?

— Parce que je la remonte. Elle ne fonctionne pas sur piles.

Salem entra à pas feutrés dans la pièce, les moustaches vert clair.

— Salem ! le réprimanda Zelda. Tu as mangé de la glace à la pistache pour ton petit déjeuner ?

Salem se lécha les babines.

— Remerciez-moi. Je vous ai rendu

service. Le réfrigérateur et le congélateur sont nases. Cette merveille aurait fondu. Je déteste le gaspillage.

— Ce n'est pas l'heure de ton émission, au fait ? s'étonna Sabrina.

— Mon matos est hors service. J'ai essayé d'appeler la station, mais la ligne est coupée. J'ai donc décidé de prendre ma matinée.

Sabrina se laissa tomber sur le canapé et enfouit son visage dans ses mains.

— Pourquoi ai-je le pressentiment que tout est ma faute ? grommela-t-elle.

Hilda s'assit auprès d'elle.

— Parce que c'est sans doute le cas, ma chérie.

— Je suis sûre que ces événements ont un rapport avec Thomas Edison. Il a beau avoir rejoint le New Jersey, il me cause toujours autant d'ennuis. Je sais que cela paraît impossible, mais...

— Oh, tout est possible, Sabrina, l'interrompit Zelda. Surtout pour un esprit scientifique.

— Ou une sorcière. (Hilda agita l'index. Une tasse de café brûlant et un pain aux raisins se matérialisèrent.) Ce n'est pas une panne d'électricité qui va me priver de mon petit déjeuner.

— Ne te tracasse pas, Sabrina, déclara Zelda. Nous allons régler ce problème. Que t'a dit Tom en te quittant ?

Sabrina haussa les épaules.

— Rien de spécial. Qu'il avait appris une précieuse leçon et qu'une rude besogne l'attendait.

— Une précieuse leçon ?

— Eh bien, il a découvert qu'à s'abrutir de télévision, de jeux vidéo et de stéréo on se transforme en gros mollasson. Salem et moi lui avons montré un enregistrement de lui afin de lui prouver à quel point le XXIe siècle l'avait ramolli.

Zelda étouffa une exclamation.

— Oh non ! Tu n'as pas fait ça ! Quelle mesquinerie ! Quel camouflet pour lui !

— C'était une idée de Salem, se défendit Sabrina.

— Tu écoutes le chat, à présent ? répliqua Hilda. N'as-tu rien appris quand tu vivais ici ?

— Cela semblait une bonne idée, sur le moment. Et ça a marché, non ?

Zelda opina.

— Oh, pour ça, oui ! Si bien, même, que Tom en a conclu que nous n'avions pas besoin des commodités modernes.

— C'est ridicule, tante Zelda !

— Tu crois ?

Sabrina soupira.

— Admettons. Mais il ne peut rien faire, n'est-ce pas ?

Hilda prit la télécommande et voulut allumer le téléviseur. L'écran demeura blanc.

— Détrompe-toi, Sabrina.

— Il ne te reste plus qu'à aller à Menlo Park pour essayer de recoller les morceaux, décréta Zelda.

— Tu m'accompagnes, tante Zelda ? Tom te respecte. Tu es une scientifique, comme lui.

— Je doute que Tom ait beaucoup de respect pour la science, à l'heure qu'il est.

— Et toi, tante Hilda ? demanda Sabrina avec espoir. Un petit voyage ne te tente pas ?

— À Venise ou à Paris, peut-être. Mais le New Jersey... ? Non, sans façon.

— Mais je ne peux pas m'y rendre seule !

Regardez le gâchis que j'ai fait la première fois !

— Sabrina, c'est ton erreur, déclara Zelda d'un ton ferme. À toi de la réparer. Ne t'inquiète pas, ajouta-t-elle en souriant. J'ai confiance en toi. Tu sauras remettre le monde d'aplomb.

Hilda haussa les épaules, fataliste.

— Et si tu échoues, nous achèterons une glacière, un cheval et une carriole, nous écrirons des lettres au lieu d'envoyer des e-mails et lirons des parchemins à la chandelle.

14

Une production de Sabrina Spellman

Sabrina arriva à Menlo Park à la tombée de la nuit. Malgré quelques rares becs de gaz, le coin était sombre et quasiment désert.

Sabrina s'avança à pas lents jusqu'à la porte et frappa. Il n'y eut pas de réponse. Elle frappa plus fort. Cette fois, la porte s'ouvrit. Sabrina entra et balaya les lieux du regard. Il n'y avait apparemment personne.

Gling ! Un bruit de verre brisé rompit le silence.

— Voilà qui devrait suffire ! s'exclama Tom.

Sabrina, se guidant au son de sa voix, parvint dans une sorte de loft, qu'éclairait une lampe à pétrole. En dépit de cette chiche lumière, Sabrina distingua l'expression du visage du savant : résolue, furieuse et infiniment triste.

Tom leva un marteau et prit son élan. L'outil atterrit en plein sur son kinétoscope. Le métal se tordit sous le coup et des éclats de verre s'éparpillèrent sur le sol.

— Que faites-vous ? s'écria Sabrina. Arrêtez ! Vous allez le détruire.

— C'est précisément le but recherché.

— Mais pourquoi ?

— Vous le savez très bien, répliqua Tom, énigmatique.

— Vraiment ?

Tom hocha le menton.

— L'humanité vous devra une fière chandelle. Vous avez sauvé la race humaine, Sabrina. Et de justesse.

— Qu'est-ce que vous racontez ?

Tom s'assit sur un banc et essuya la sueur qui perlait à son front.

— Si mes inventions n'avaient pas vu le jour, les gens n'auraient jamais regardé des navets, ne seraient pas devenus accros aux jeux vidéo. Ils ne passeraient pas leur vie à écouter de la musique atroce ou des présentateurs stupides. Ils laisseraient la bride sur le cou à leur imagination, ils se serviraient de leur esprit et de leur corps.

Eurêka ! C'était là l'explication de la panne générale. Sans les inventions de Thomas Alva Edison, le futur n'existait plus.

Sabrina devait intervenir.

— Ainsi vous voulez renoncer à vos rêves parce que vous avez passé quelques jours vautré sur le canapé de mes tantes ?

Tom haussa les épaules.

— Mes rêves sont devenus le cauchemar de l'humanité. Mais je vous remercie, Sabrina. Personne n'a jamais eu la chance que vous m'avez offerte. J'ai pu constater de mes yeux l'effet que mes découvertes auraient produit sur le monde. Et cette vision a transformé ma vie.

Sabrina en eut le souffle coupé.

— Allons, Tom ! (Elle désigna le tas de vis, de boulons, de fil de fer, de verre brisé et de métal tordu.) Tout ça, c'est vous.

— Plus maintenant. À partir d'aujourd'hui, je n'inventerai plus rien.

— Vous plaisantez ?

Tom considéra les pauvres vestiges sur le sol.

— Vous avez un curieux sens de l'humour, Sabrina.

La jeune fille inspira à fond. Depuis son seizième anniversaire – quand ses tantes lui avaient révélé qu'elle était mi-mortelle, mi-sorcière –, elle avait accumulé bourdes et maladresses. Mais si ces étourderies avaient affecté son quotidien, ou celui de ses proches, celle-ci risquait de changer radicalement le cours de la planète. Elle devait trouver un moyen de persuader Tom de reprendre ses activités premières. Sans lui, en effet, rien ne serait plus jamais pareil.

Une idée lui traversa l'esprit.

— Vous affirmez que vous souhaitez améliorer la vie des gens ? Eh bien, je suis là pour en témoigner – c'est ce qu'ont fait vos inventions.

Tom secoua la tête.

— Bien joué, Sabrina. Cependant, j'ai vu hélas ce sur quoi elles ont débouché.

— Vous n'avez vu qu'une partie de l'ensemble, riposta-t-elle. Si certains utilisent en effet la technologie pour fuir la réalité, d'autres s'en servent pour le bénéfice de leurs semblables.

— Ah oui ? Qui donc ?

— Les médecins, les policiers, les pompiers, les enseignants, les musiciens... un tas de gens. Laissez-moi vous montrer à quel point vous avez fait œuvre utile.

Sabrina leva l'index. Tom lui emprisonna aussitôt la main.

— Non ! cria-t-il. Je ne tiens pas à retourner sur le campus de votre fac !

— Ni moi à vous ramener là-bas, rassurez-vous ! Dorénavant, vous resterez là où est votre place. Non, en vérité, je vais transporter le futur jusqu'à vous.

Elle libéra sa main et l'agita en l'air. Les pièces éparses du kinétoscope se soulevèrent du sol, et l'appareil recouvra son aspect d'origine.

— Comment avez-vous accompli ce prodige ? demanda Tom, incrédule.

Sabrina sourit.

— Secret de famille.

Elle agita de nouveau l'index. Deux fauteuils confortables se matérialisèrent, ainsi que deux sacs de pop-corn et deux sodas géants. Tom et elle s'installèrent confortablement l'un près de l'autre.

Puis l'appareil de projection se mit en marche. Des images apparurent sur le mur, en noir et blanc et sans le son.

— Bonté divine ! s'exclama Tom. Mon kinétoscope fonctionne !

— En doutiez-vous ? Vous le perfectionnerez d'ici un an ou deux, mais il marche bel et bien. Vous voyez ça ? C'est un hôpital. Vos inventions ont permis de sauver nombre de vies. Ainsi les médecins consultent des données sur ordinateur et posent rapidement un diagnostic. En appuyant sur un bouton lumineux, les malades peuvent appeler une infirmière. Et, vous l'ignorez encore, mais vous allez mettre au point une pile alcaline. La technologie des piles se développera tant dans l'avenir que les chirurgiens implanteront de minuscules appareils dans la poitrine des gens pour stimuler leur cœur.

— Mes inventions feront tout cela ? demanda Tom, incrédule.

Sabrina réfléchit pour peser sa réponse.

— En fait, d'autres savants ajouteront leurs idées aux vôtres. Mais c'est vous qui aurez donné le coup d'envoi. (Sabrina leva l'index.) Accélérons un peu. Il faudrait le son, pour cette séquence. Qu'avez-vous fait de votre phonographe ?

Tom indiqua un amas de métal et de caoutchouc dans un coin de la pièce. D'un mouvement de l'index, Sabrina reconstitua l'appareil. Une adolescente apparut, chantant devant un microphone. Une voix magnifique retentit.

— On dirait un ange ! s'extasia Tom.

— C'est l'avis général, acquiesça Sabrina. Charlotte Church n'est encore qu'une enfant, mais elle interprète la musique de tous les vieux maîtres – Mozart, Puccini et... euh, tous les grands musiciens d'opéra. Même les petits l'écoutent. Grâce à votre phonographe, sa voix a conservé leurs œuvres vivantes.

Tom se recueillit quelques instants en silence. Puis il se rembrunit.

— Ce que vous me montrez là est prodigieux, Sabrina. Mais cette télévision dans votre salle de séjour ? Quelle est son utilité, hormis ramollir le cerveau ?

— C'est un risque, en effet, soupira Sabrina. Toutefois, elle permet aussi d'unir les gens. Quand survient une tragédie, c'est un moyen d'informer le reste du pays et de communier avec ceux qui souffrent. Et puis des millions de personnes regardent les jeux Olympiques sur le petit écran et voient ainsi diverses nations rivaliser sans violence. C'est une sacrée bonne leçon, non ?

— Mais ces jeux vidéo, ces soap operas...

— Ce sont des choix, Tom. Personne n'oblige qui que ce soit à se passionner pour les jeux vidéo ou les feuilletons débiles. Cela dit, même eux remplissent aussi leur rôle. La vie au IIIe millénaire est très stressante. Parfois on a besoin de se déconnecter et de bayer aux corneilles... histoire de préserver sa santé mentale.

Tandis que défilait le générique – « Une production de Sabrina Spellman » –, la jeune sorcière regarda Tom avec espoir.

L'expression de l'inventeur était indéchiffrable.

Enfin il se leva et balaya la pièce des yeux.

— Bon ! Je ferais bien de dénicher des caisses et de ranger ce fatras ! déclara-t-il d'un ton solennel.

Le visage de Sabrina s'assombrit.

— N'avez-vous pas compris ce que j'ai tenté de vous dire ? Vous ne pouvez pas renoncer à ce que vous êtes.

— Oh, je n'ai rien affirmé de tel ! rétorqua Tom avec un sourire. Je plie bagage, voilà tout. Il me faut un endroit plus grand, pour concevoir mes inventions. J'en connais un où je pourrai mener en parallèle quarante projets par an. (Tom examina les lieux.) Sabrina, oserai-je vous demander encore un service ?

— Tout ce que vous voudrez, Tom.

Tom observa l'index de la jeune sorcière.

— J'ignore au juste quel est le terme technique, mais auriez-vous l'obligeance de remettre ce bric-à-brac en état ?

Sabrina sourit. En un clin d'œil, les appareils brisés se réassemblèrent.

— Un vrai tour de magie ! s'écria Tom, épaté. Vous devriez déposer un brevet. Vous deviendriez célèbre.

Sabrina secoua la tête.

— Sans façon. Je ne crois pas qu'il y ait assez de place pour deux magiciens dans le New Jersey.

15

La minute de vérité

Sabrina se laissa tomber sur une chaise au fond de la salle.

— Je suis en retard ? chuchota-t-elle à Roxie et à Miles.

Miles secoua la tête.

— Le Pr Karoy vient d'arriver. Le cours n'a pas encore commencé. (Il observa l'affiche roulée et l'épaisse liasse de feuillets dans la main de Sabrina.) Tu as terminé ton exposé ?

— Il y a environ une heure. J'ai bossé toute la nuit, mais ça en valait la peine, je crois.

— En fin de compte, tu n'as pas eu besoin de Tom ? demanda Roxie.

— En vérité, il m'a apporté une aide précieuse... à son insu.

Roxie, perplexe, se garda bien toutefois d'interroger Sabrina plus avant. Ses explications étaient généralement embrouillées, de toute façon.

Le Pr Karoy passa distraitement la main sur son crâne à demi chauve, s'assurant que les rares mèches de cheveux qui lui restaient étaient en place.

— Visez un peu sa cravate ! souffla Roxie.

Sabrina réprima un rire – c'était une monstruosité orange et vert décorée de tubes à essais, de becs Bunsen et de la classification périodique des éléments chimiques.

— Top ! s'extasia Miles. Où l'a-t-il bien dégotée ?

— Peut-être l'a-t-il commandée par l'intermédiaire de *Scientific Monthly*, suggéra Sabrina.

— Tu crois ? Je n'ai pas remarqué d'encart publicitaire dans le numéro du mois dernier. Je vais vérifier.

— C'est une blague, Miles ! s'exclama Sabrina.

— Sabrina Spellman... Vous semblez fort impatiente de prendre la parole. Si vous veniez nous présenter votre projet ?

Sabrina prit son affiche et ses feuilles et se dirigea à pas lents vers l'estrade.

— Je suis là pour vous proposer de fonder un club, annonça-t-elle.

Le Pr Karoy parut déconcerté.

— Dois-je vous rappeler le sujet ? Il ne s'agit pas de concevoir une nouvelle façon de faire la fête avec vos amis, mais un moyen de mettre la science au service du plus grand nombre.

— Je sais, monsieur. Mon projet a tout à voir avec la science. Et je puis vous assurer que l'humanité entière en tirera bénéfice. (Sabrina déroula son affiche et considéra ses condisciples.) Voici le Club des amis de la nature, dit-elle. (Elle se tut, laissant les étudiants examiner son collage à loisir : des branches d'arbres, des plumes, des pierres, des coquillages. Au centre, un ordinateur dans un cercle rouge barré d'un trait oblique.) Comme nous le savons tous, hélas, reprit-elle, notre vie est envahie par la technologie. Nous regardons trop la télévision, nous voyons trop de navets, nous écoutons Salem à la radio chaque matin.

— Il est cool, protesta Frank, un rouquin dégingandé. Aujourd'hui, il a mangé du foie cru en direct et signalé que ça lui donnait une haleine aussi fétide que celle d'un chien. Qu'est-ce qui est pire qu'une haleine de chien ?

Sabrina roula les yeux. À l'évidence, Frank n'avait jamais senti celle d'un chat qui se gavait de thon.

— Beurk ! Manger du foie cru à 8 heures du matin, c'est répugnant ! s'exclama une petite brune.

— Pas quand on est un chat, lâcha étourdiment Sabrina.

— Pardon ? hoqueta la fille.

Sabrina vira au rouge betterave.

— Euh, rien. Cela étant, les présentateurs ringards et les films de série B servent parfois d'exutoire à notre stress. Et la technologie a certes ses avantages. Nous accomplissons de nombreuses tâches plus vite et de manière plus pointue. Nous sauvons des vies humaines... Nous restons en contact avec des amis chers...

« Cependant, la technologie nous invite aussi à la paresse. Nous avons des ordinateurs qui se chargent de nos problèmes de maths et de nos recherches. Et s'ils ne pensent pas à notre place, les spots télévisuels nous manipulent pour guider nos choix. On nous offre des repas précuits qu'il suffit de décongeler au micro-ondes, de sorte que nous ne cuisinons plus. Nous avons des voitures qui nous évitent de marcher – un exercice physique pourtant serait salutaire pour notre cœur.

« Le projet que je vous présente est né de ces réflexions. Parmi les nombreuses disciplines scientifiques, j'ai choisi les sciences de la Terre. C'est à elles, en effet, qu'est dédié le Club des amis de la nature. Tous les mois, ses membres iront camper en plein air. Il n'y aura ni radio, ni télévision, ni sèche-cheveux... Que les arbres, les oiseaux et les changements de saison. Vivre dans la nature pendant deux jours nous obligera à nous parler les uns aux autres, à penser par nous-mêmes, à analyser nos sentiments. Vous aurez peut-être envie de peindre un paysage ou de composer une musique à partir du chant d'un rossignol... Fantastique, non ? Et, bien sûr, nous ferons des randonnées pédestres. Ce sera l'occasion, pour les membres du club, d'exercer leur esprit et leur corps. (Sabrina sourit d'un air assuré au Pr Karoy.) Nous testerons aussi des sources, afin d'y détecter d'éventuelles contaminations chimiques et planterons des arbres pour fournir de l'oxygène à l'environnement. Professeur Karoy, j'aimerais que vous nous conseilliez sur les aspects plus scientifiques de ces expériences. (Elle lui tendit sa liasse de feuilles.) J'ai estimé les coûts et obtenu les autorisations nécessaires pour pêcher et pour camper.

— Merci, Sabrina, murmura le Pr Karoy. J'ai hâte de collaborer avec vous sur ce projet.

Hourra ! C'était dans la poche. Sabrina sourit à la classe.

— En guise de conclusion, je souhaite que, à travers le Club des amis de la nature, nous apprenions à apprécier la Terre autant que nous apprécions la technologie.

16

Haut les cœurs, Salem !

Sabrina, épuisée, se laissa tomber sur une banquette.

— Puis-je avoir un café, tante Hilda ? Grand modèle et corsé, si possible.

Hilda versa à sa nièce une tasse géante de son mélange spécial, puis agita l'index pour faire bonne mesure.

Sabrina sirota le breuvage et soupira. Mmmmumm... Un délice ! Et fort. Trop, peut-être. Elle sentait la vapeur lui sortir littéralement par les oreilles. Dieu merci, il n'y avait pas de clients.

À cet instant, Zelda entra en trombe dans le café.

— Sabrina, félicitations pour ton exposé de science !

Les yeux de Hilda s'étrécirent.

— Aurais-tu informé Zelda avant moi de ton succès ?

Sabrina secoua la tête.

— Jamais je n'aurais...

— Comptais-tu en donner la primeur à Hilda ? l'accusa Zelda.

Sabrina secoua la tête aussitôt.

— Dans ce cas, comment est-elle au courant ? insista Hilda.

— Le Pr Karoy a dû dire quelque chose... Oh, s'il vous plaît, je suis si fatiguée ! (Sabrina regarda ses deux tantes.) OK, voici ce qui s'est passé. J'ai fait mon exposé et quinze étudiants ont déjà adhéré à mon club. Le Pr Karoy a trouvé mon idée excellente. On part en randonnée dans deux semaines.

Zelda sourit.

— Et cette idée est de toi. De A à Z. Tu n'as eu besoin de personne pour te la souffler.

Le visage de Sabrina s'éclaira.

— Tu as raison, tante Zelda. J'ai l'esprit scientifique, en fin de compte.

Zelda opina avec fierté.

— Tu tiens ce don de mon côté de la famille.

Hilda fronça les sourcils.

— Toi et moi sommes toutes deux du même côté de la famille, Zellie.

— J'ai parfois du mal à le croire, soupira sa sœur. Quoi qu'il en soit, tu admettras, Sabrina, qu'obtenir une bonne note par toi-même est bien plus satisfaisant que d'utiliser la magie.

— Ou celle du Magicien de Menlo Park, acquiesça Sabrina. Ce sera super de camper... même si le Pr Karoy nous chaperonne.

Soudain, Miles et Roxie entrèrent dans le café et s'installèrent en face de Sabrina et de ses tantes.

— Bravo, Sabrina ! la félicita Roxie. Je ne pensais pas que tu y arriverais.

— Au début, moi non plus, admit Sabrina. Vous vous en êtes bien sortis, vous aussi. Mais au fait, Roxie, tu n'es pas à la station de radio ? (Roxie secoua la tête.) Oh, Roxie, je suis désolée ! compatit Sabrina.

Qu'est-ce que ça pouvait faire que ton taux d'audience ne soit pas le plus haut ? On n'aurait pas dû supprimer « De vous à moi ». La radio du campus a besoin d'émissions dans le genre de la tienne. Quelle injustice ! Tu sais quoi ? Nous allons manifester avec des pancartes, faire signer des pétitions. Nous...

Roxie partit d'un rire hystérique.

— Oh non ! s'écria Sabrina, sous le choc. Tante Zelda, fais quelque chose ! Roxie est si bouleversée qu'elle a perdu l'esprit !

— Je ne suis pas bouleversée, assura l'intéressée entre deux hoquets.

— Tu es dans le déni, Roxie.

— Pas du tout. C'est toi qui me fais rire. Tu ne m'as pas laissée finir. On n'a pas supprimé mon émission. On l'a seulement déplacée... dans la tranche du matin ! C'est « Salem Matin » qui a sauté.

— Oh zut ! s'exclama Miles. (Il se ratatina devant le regard meurtrier de Roxie.) Je veux dire, c'est chouette, Roxie.

— Je croyais que « Salem Matin » avait fait exploser l'Audimat ? s'étonna Sabrina.

— En effet, confirma Roxie. Mais il risquait aussi de coûter une fortune à la station. La SPA a menacé le directeur de poursuites au nom des victimes. De très nombreux chiens, apparemment, ont dû aller consulter des psychiatres – certains d'entre eux ont même été internés.

Dans l'après-midi, Sabrina partit rendre visite à Salem. Elle devinait que le matou trouverait la pilule amère.

À sa vue, ses pires craintes se confirmèrent. Il avait les moustaches dégoulinantes de glace à la pistache et son tour de taille avait doublé.

— Salem, tu as une allure épouvantable !

— Merci, marmonna le chat. Voilà qui me remonte le moral.

Sabrina lui essuya le museau avec une serviette.

— Ce n'est pas ce que je voulais dire. Tu me parais tristounet, voilà tout.

— Tu es la reine de l'euphémisme !

Sabrina sourit.

— Écoute. Même les plus grandes vedettes ont vu leurs émissions supprimées. Tu es en excellente compagnie.

— Mais j'étais sur le point de signer un contrat pour un livre. Peut-être aussi une émission de télévision. (Salem soupira.) J'aurais pu dominer le monde.

— Dominer le monde ! se récria Sabrina. C'est comme ça que tu t'es retrouvé en robe de fourrure, je te rappelle ! Réfléchis... Un contrat pour un livre ? Comment comptes-tu l'écrire ? Avec la patte gauche ? Et imagine la tête d'un directeur de chaîne qui te verrait débarquer dans un panier à chat au lieu d'une limousine !

— Broutilles que tout ça ! répliqua Salem en enfournant une autre cuillerée de glace.

— Désolée, Salem. Je ne cherchais pas à te chagriner davantage. Je sais que tu dois être terriblement déçu.

Le matou poussa le pot de glace vers sa maîtresse.

— On partage ?

— Tu veux rire ? Cela ne me suffira pas. (Sabrina agita l'index. Un énorme bac de crème glacée se matérialisa sur la table. Elle en prit une cuiller pleine à ras bord.) Allez, Salem, haut les cœurs ! Et si on branchait le kinétoscope pour regarder deux ou trois films à faire pleurer dans les chaumières ?

— Youpi !

Quelques heures – et quelques films bien larmoyants – plus tard, Salem commença à reprendre du poil de la bête. Sabrina, pour sa part, se sentait vaguement nauséeuse.

Elle adressa un pauvre sourire au matou.

— Rien de tel qu'une bonne crise de larmes pour vous remonter le moral ! Je me demande si Thomas Edison y avait pensé en inventant son kinétoscope. C'était peut-être un pionnier en psychologie.

Salem se lécha les babines.

— Oublie Thomas Edison. Ce n'est pas grâce à lui que je vais mieux. On devrait plutôt porter un toast à cette bonne vieille Dolley Madison. C'est elle qui a inventé la glace. (Le chat prit encore une lichette de glace fondue.) Dis donc, Sabrina, et si tu nous zappais au temps de Dolley ? Sa glace à la fraise est une pure merveille. J'en ai goûté une fois à la Maison-Blanche et...

— Tu as été invité à la Maison-Blanche ?

— « Invité », c'est beaucoup dire. Je me

suis faufilé en catimini dans les cuisines au milieu de la nuit. Il y avait cette mignonne gouvernante, Élisabeth, qui travaillait là et... (Salem se tut et sourit, plongé dans ses souvenirs.) Bref, c'est elle qui m'a initié à l'univers enchanteur de la glace.

Sabrina éclata de rire et secoua la tête.

— Pas question de remonter le temps, Salem ! En vérité, je crois que je ne retournerai jamais dans le passé. Et, si d'aventure cela arrive, je n'amènerai jamais plus qui que ce soit au XXIe siècle. J'ai appris ma leçon... et l'épreuve a été rude !

— S'il te plaît, Sabrina...

— N'insiste pas, Salem. Cette fois, nous avons failli nous retrouver dans un monde privé d'électricité... Avoue que ç'aurait été déjà horrible... Beaucoup moins, toutefois, que de vivre dans un monde sans crème glacée.

Sabrina
l'apprentie sorcière

1. Une rentrée pas ordinaire
2. Une rivale inattendue
3. Un Noël presque parfait
4. Un invité surprise
5. Un amour de sorcière
6. Un week-end très mouvementé
7. Une journée d'enfer
8. Un lundi hallucinant
9. Sabrina fait des mystères
10. Détective de choc !
11. La fête des sorcières
12. Le bal de la pleine lune
13. La double vie de Sabrina
14. Un défi pour Sabrina
15. Des lutins bien malins
16. Drôle de sirène !
17. Une soirée de rêve
18. Magicopoly
19. Un sortilège de trop
20. Gare à la peste !
21. Maudite momie !
22. Touche du bois !
23. Quelle vie !
24. À l'abordage !
25. Le portable ensorcelé
26. Piège au choix
27. Voyage au Moyen Âge
28. Une croisière de rêve
29. Sabrina fait son cirque
30. Mademoiselle Je-sais-tout
31. Le monde à l'envers
32. Élémentaire, mon cher Salem
33. Le tour du monde en un jour

La magie de Sabrina *(hors-série)*
En route pour les étoiles *(hors-série)*

Et si tu danses,
si tu as dansé,
si tu rêves de danser,
découvre vite la série

Danse !

par
Anne-Marie Pol

1. Nina, graine d'étoile
2. À moi de choisir
3. Embrouilles en coulisses
4. Sur un air de hip-hop
5. Le garçon venu d'ailleurs
6. Pleins feux sur Nina
7. Une Rose pour Mo
8. Coups de bec
9. Avec le vent
10. Une étoile pour Nina
11. Un trac du diable
12. Nina se révolte
13. Rien ne va plus !
14. Si j'étais Cléopâtre...
15. Comme un oiseau
16. Un cœur d'or
17. À Paris
18. Le mystère Mo
19. Des yeux si noirs...
20. Le Miroir Brisé
21. Peur de rien !
22. Le secret d'Aurore
23. Duel
24. Sous les étoiles
25. Tout se détraque !
26. La victoire de Nina
27. Prince hip-hop
28. Pile ou face
29. Quand même !
30. Un amour pour Nina
31. Grabuge chez Camargo
32. Nina et l'oiseau de feu
33. Le triomphe de Nina

Les secrets de Nina (hors-série)
Les ballets de Nina (hors-série)

Découvre vite Mary-Kate et Ashley dans leur nouvelle collection :

Mary-Kate and Ashley Sweet 16

1. Premier baiser
2. Croire à son rêve
3. Un été parfait
4. Route et déroute

Découvre vite :

Garçons, mode d'emploi
Petit manuel à l'usage des filles
Morag Prunty

S'entendre ? Se comprendre ? Se plaire ?
Les filles viennent de Saturne, les garçons de Jupiter
Kathryn Lamb

Bien dans sa peau, bien dans ses baskets
La beauté au quotidien
Heidi Schumacher

Mon corps, ma tête, mon cœur et moi
Découvrir sa sexualité
Kerry Parnell

Non au racket !
Réagissez ! Vous pouvez y faire face !
Christine Laouénan

Qui êtes-vous... vraiment ?
Astrologie, numérologie, horoscope...
vous aideront à le savoir enfin !
Tucker Shaw

La clef des rêves
leurs significations, leurs influences...
Comment les interpréter ?
Tucker Shaw

Cet ouvrage a été composé par
PCA - 44400 REZE

Impression réalisée sur Presse Offset par

BRODARD & TAUPIN

GROUPE CPI

La Flèche (Sarthe), le 13-04-2005
N° d'impression : 29128

Dépôt légal : mai 2005

Imprimé en France

POCKET jeunesse

12, avenue d'Italie • 75627 PARIS Cedex 13

Tél. : 01.44.16.05.00